Rainer Strauß

Kinderschutzklauseln zur Begrenzung der Zerrüttungsscheidung im Rechtskreis der Bundesrepublik Deutschland und der ehemaligen DDR

Münsterische Beiträge zur Rechtswissenschaft

Herausgegeben im Auftrag der Rechtswissenschaftlichen Fakultät
der Westfälischen Wilhelms-Universität in Münster durch die Professoren
Dr. Hans-Uwe Erichsen Dr. Helmut Kollhosser Dr. Jürgen Welp

Band 110

Kinderschutzklauseln zur Begrenzung der Zerrüttungsscheidung im Rechtskreis der Bundesrepublik Deutschland und der ehemaligen DDR

Von

Rainer Strauß

Duncker & Humblot · Berlin

Die Deutsche Bibliothek – CIP-Einheitsaufnahme

Strauß, Rainer:
Kinderschutzklauseln zur Begrenzung der Zerrüttungsscheidung im Rechtskreis der Bundesrepublik Deutschland und der ehemaligen DDR / von Rainer Strauß. – Berlin : Duncker und Humblot, 1997
(Münsterische Beiträge zur Rechtswissenschaft ; Bd. 110)
Zugl.: Münster (Westfalen), Univ., Diss., 1996
ISBN 3-428-09167-1

D 6

Fotoprint: Berliner Buchdruckerei Union GmbH, Berlin
Printed in Germany

ISSN 0935-5383
ISBN 3-428-09167-1

Gedruckt auf alterungsbeständigem (säurefreiem) Papier
entsprechend ISO 9706 ♾

Meinen Eltern und meiner Großmutter
in Dankbarkeit gewidmet

Vorwort

Die vorliegende Arbeit ist im April 1996 fertiggestellt und im Wintersemester 1996/1997 von der Rechtswissenschaftlichen Fakultät der Westfälischen Wilhelms-Universität Münster als Dissertation angenommen worden.

Für die Betreuung danke ich Herrn Professor Dr. Dr. h.c. Wilfried Schlüter. Er hat mir die erforderliche wissenschaftliche Freiheit gelassen und den Fortgang der Untersuchung stets mit kritischem Rat begleitet und gefördert.

Daneben bin ich Herrn Professor Dr. Valentin Petev für die zügige Erstellung des Zweitgutachtens und Herrn Professor Dr. Helmut Kollhosser für die Aufnahme dieser Dissertation in die Schriftenreihe der Münsterischen Beiträge zur Rechtswissenschaft sehr verbunden.

Den Eheleuten Ingeborg und Professor Dipl.-Ing. Karl-Heinz Hofemann möchte ich dafür danken, daß sie mit Liebe und Geduld die Höhen und insbesondere die Tiefen eines Doktorandenlebens ertragen haben.

Berlin, März 1997

Rainer Hubertus Strauß

Inhaltsverzeichnis

Abkürzungsverzeichnis

a.A.	anderer Ansicht
AcP	Archiv für die civilistische Praxis
a.F.	alte Fassung
AG	Amtsgericht
AK	Alternativkommentar
Anm.	Anmerkung
AöR	Archiv des öffentlichen Rechts
Art.	Artikel
BayObLG	Bayerisches Oberstes Landesgericht
BG	Bezirksgericht
BGB	Bürgerliches Gesetzbuch
BGBl.	Bundesgesetzblatt
BGH	Bundesgerichtshof
BGHZ	Entscheidungen des Bundesgerichtshofes in Zivilsachen
BR	Bundesrat
BRD	Bundesrepublik Deutschland
BR-Drs.	Bundesrats-Drucksache
BT	Bundestag
BT-Drs.	Bundestags-Drucksache
BVerfG	Bundesverfassungsgericht
BVerfGE	Amtliche Sammlung der Entscheidungen des Bundesverfassungsgerichts
bzw.	beziehungsweise
CIVIS	Vierteljahresschrift für eine offene und solidarische Gesellschaft
DB	Der Betrieb
DDR	Deutsche Demokratische Republik
d.h.	das heißt
Diss.	Dissertation
DJ	Deutsche Justiz
DRiZ	Deutsche Richterzeitung
EheG 38	Ehegesetz vom 6.6.1938
EheG 46	Ehegesetz vom 10.2.1946
1. EheRG	Erstes Gesetz zur Reform des Ehe- und Familienrechts vom 14.6.1976
EheVO	Verordnung über Eheschließung und Eheauflösung vom 24.11.1955

EJF	Entscheidungen aus dem Jugend- und Familienrecht
EKD	Evangelische Kirche in Deutschland
FamRZ	Zeitschrift für das gesamte Familienrecht
f.	folgende
ff.	fortfolgende
FGB	Familiengesetzbuch der DDR vom 20.12.1966
FN	Fußnote
FVerfO	Verordnung zur Anpassung der Bestimmungen über das gerichtliche Verfahren an das Familiengesetzbuch der DDR vom 17.2.1966
GBl. DDR	Gesetzblatt der Deutschen Demokratischen Republik
GG	Grundgesetz
GVG	Gesetz über die Verfassung der Gerichte der DDR vom 2.10.1952
Halbs.	Halbsatz
HEA	Hermann-Ehlers-Akademie
HEZ	Höchstrichterliche Entscheidungen in Zivilsachen
h.M.	herrschende Meinung
i.S.	im Sinne
JA	Juristische Arbeitsblätter
JR	Juristische Rundschau
Jura	Juristische Ausbildung
JZ	Juristenzeitung
KG	Kammergericht
KrG	Kreisgericht
MDR	Monatsschrift für Deutsches Recht
MKSchG	Gesetz über den Mutter- und Kinderschutz und die Rechte der Frau vom 27.9.1950
m.w.N.	mit weiteren Nachweisen
NEhelG	Gesetz über die rechtliche Stellung der nichtehelichen Kinder vom 1.7.1970
NJ	Neue Justiz
NJW	Neue Juristische Wochenzeitschrift
NJW-RR	NJW Rechtsprechungs-Report
Nr.	Nummer
Nrn.	Nummern
NS	Nationalsozialistisch
OG	Oberstes Gericht
OGH	Oberster Gerichtshof für die britische Zone
OLG	Oberlandesgericht
Prot.	Protokolle

RG	Reichsgericht
RGBl.	Reichsgesetzblatt
RGRK	BGB-Kommentar, herausgegeben von Reichsgerichtsräten und Bundesrichtern
RGZ	Entscheidungen des Reichsgerichts in Zivilsachen
Rnr.	Randnummer
ROW	Recht in Ost und West
S.	Seite
SED	Sozialistische Einheitspartei Deutschlands
SJZ	Süddeutsche Juristenzeitung
StuR	Staat und Recht
UdSSR	Union der Sozialistischen Sowjetrepubliken
v.	von
VA	Vermittlungsausschuß
Verf. DDR	Verfassung der Deutschen Demokratischen Republik
vgl.	vergleiche
VVDStRL	Veröffentlichungen der Vereinigung der Deutschen Staatsrechtslehrer
Wista	Wirtschaft und Statistik
Wp.	Wahlperiode
WRV	Weimarer Reichsverfassung
ZAkDR	Zeitschrift der Akademie für deutsches Recht
ZfJ	Zentralblatt für Jugendrecht und Jugendwohlfahrt
ZPO	Zivilprozeßordnung

§ 1 Einleitung

Das Gesetz zur Reform des Ehe- und Familienrechts – 1. EheRG – vom 14.6.1976[1], seit 1.7.1977 in Kraft, hat das Ehescheidungsrecht grundlegend umgestaltet. Das Schuldprinzip wurde aufgegeben, und alle bisherigen Scheidungsgründe entfielen. Das Gesetz stellt seitdem nur noch auf das objektive Scheitern der Ehe als einzigen Scheidungsgrund ab. Der Zerrüttungsgrundsatz, der in den Ehegesetzen von 1938 und 1946 nur im Ansatz verwirklicht war, ist das beherrschende Prinzip des heutigen Scheidungsrechts geworden. Zur Begrenzung der Zerrüttungsscheidung enthält § 1568 1. Fall BGB eine Kinderschutzklausel in Form einer Generalklausel. Deren Normtext lautet:

„Die Ehe soll nicht geschieden werden, obwohl sie gescheitert ist, wenn und solange die Aufrechterhaltung der Ehe im Interesse der aus der Ehe hervorgegangenen minderjährigen Kinder aus besonderen Gründen ausnahmsweise notwendig ist ...“

Der Anteil der geschiedenen Ehen mit minderjährigen Kindern lag in der alten Bundesrepublik in den Jahren von 1977 bis 1989 bei ca. 50 %. In diesem Zeitraum wurden jährlich – mit gewissen Schwankungen – ca. 90000 minderjährige Kinder von der Ehescheidung ihrer Eltern betroffen.[2] In der ehemaligen DDR lag der Anteil der geschiedenen Ehen mit minderjährigen Kindern seit 1977 sogar bei ca. 70 %. Dort wurden jährlich etwa 50000 minderjährige Kinder von der Ehescheidung ihrer Eltern betroffen.[3] Seit der Wiedervereinigung Deutschlands beläuft sich die Zahl der minderjährigen Kinder aus geschiedenen Ehen auf ca. 140000 pro Jahr.[4]

Trotz dieser hohen Anzahl von Scheidungskindern ist die Kinderschutzklausel des § 1568 1. Fall BGB bislang in der zivilrechtlichen Praxis bedeutungslos geblieben. In den letzten 19 Jahren wurden lediglich fünf Entscheidungen zu

---

[1] BGBl. Teil I 1421.

[2] Vgl. Paul Wista 1990, 837 (840) m.w.N.

[3] Vgl. Paul Wista 1990, 837 (840) m.w.N.

[4] Statistisches Jahrbuch für die Bundesrepublik Deutschland 1995, S. 79.

§ 1568 1. Fall BGB veröffentlicht.[5] Eine Entscheidung des BGH liegt zu § 1568 1. Fall BGB noch nicht vor.

Die Bedeutungslosigkeit des § 1568 1. Fall BGB wurde auch auf Grund einer im August 1995 vom Verfasser am Amtsgericht Dortmund durchgeführten Umfrage deutlich. Von den dort tätigen 13 Familienrichtern beantworteten 12 die Frage, wie häufig sie in ihrer richterlichen Praxis mit der Kinderschutzklausel des § 1568 1. Fall BGB zu tun gehabt haben, mit der Anwort: „Noch nie!"

In der Lehre hat die starke Zurückhaltung der Gerichte zum Teil Kritik hervorgerufen: „Auffällig ist, daß das Kindesinteresse nur in ganz seltenen Fällen geltend gemacht wird. Das ist erstaunlich, wenn man bedenkt, daß das Kindeswohl allenthalben – nur eben im Scheidungsrecht nicht – als oberste Richtschnur richterlichen Handelns angesehen wird."[6]

Ob diese Kritik an der Rechtsprechung zu § 1568 1. Fall BGB gerechtfertigt ist, soll in der vorliegenden Arbeit untersucht werden. Wegen der geringen Anzahl der zu § 1568 1. Fall BGB veröffentlichten Entscheidungen wird nach einem Abriß der geschichtlichen Entwicklung der Kinderschutzklauseln auf die von der Rechtsprechung zu den §§ 55 II 2 EheG 38 und 48 III EheG 46 gebildeten Fallgruppen zurückgegriffen und geprüft, inwieweit diese noch auf § 1568 1. Fall BGB anwendbar sind.

Einige der an dem Gesetzgebungsverfahren zum 1. EheRG beteiligten Organe sahen ungeachtet der Unterschiedlichkeit der Gesellschaftssysteme der Bundesrepublik Deutschland und DDR in der Kinderschutzklausel der DDR ein Vorbild für das Recht in der Bundesrepublik Deutschland.[7] Die Berücksichtigung der Kindesinteressen bei der Ehescheidung im Recht der ehemaligen DDR soll daher eingehend untersucht und, soweit dies möglich ist, dem § 1568 1. Fall BGB gegenübergestellt werden. Auf der Grundlage der hierdurch und durch die Fallgruppenbildung zu § 1568 1. Fall BGB gewonnenen Ergebnisse erfolgt am Ende der Arbeit ein Vorschlag für eine Neuregelung der Kinderschutzklausel.

---

5 OLG Schleswig FamRZ 1978, 802; OLG Celle FamRZ 1978, 508; OLG Köln FamRZ 1981, 959; OLG Zweibrücken FamRZ 1982, 293; OLG Hamburg FamRZ 1986, 469.

6 Henrich, in: Festschrift für Müller-Freienfels, S. 289 (306); Henrich, Familienrecht, § 14 III. 3, S. 148; in diesem Sinne auch: Schwab FamRZ 1984, 1171 (1175); Schwab, in: Handbuch des Scheidungsrechts, Teil II. E. IV. 2. Rnr. 100; Henrich Anm. zu OLG Hamburg 1986 469 (471); Hattenhauer HEA Schriften 1985 Heft 6, S. 12.

7 Drs. 7/650, S. 261; BT-Drs. 7/4694, S. 9; BT Sten. Prot., 7. Wp., 52. Sitzung, S. 88; BR-Drs. 1/76 Beschluß vom 30.1.1976.

1. Kapitel

Abriß der geschichtlichen Entwicklung

§ 2 Berücksichtigung der Kindesinteressen bei der Ehescheidung im Ehegesetz von 1938

Am 6.7.1938 trat in Deutschland ein neues Ehegesetz – EheG 38 – in Kraft.[1] Den im wesentlichen in dieses Gesetz übernommenen Scheidungsgründen des Bürgerlichen Gesetzbuches vom 18. 8. 1896 wurde unter anderem in § 55 EheG 38 ein Zerrüttungstatbestand hinzugefügt.[2] Dieser stand wegen seiner Neuartigkeit im Mittelpunkt der wissenschaftlichen Diskussion von Lehre und Rechtsprechung und galt als die weitesttragende Neuerung des EheG 38.[3] Der Normtext des § 55 I EheG 38 lautete:

„Ist die häusliche Gemeinschaft der Ehegatten seit drei Jahren aufgehoben und infolge einer tiefgreifenden, unheilbaren Zerrüttung des ehelichen Verhältnisses die Wiederherstellung einer dem Wesen der Ehe entsprechenden Lebensgemeinschaft nicht zu erwarten, so kann jeder Ehegatte die Scheidung begehren."

Der Gesetzgeber hatte § 55 I EheG 38 für Fälle geschaffen, in denen keiner der vom Verschulden bestimmten Scheidungsgründe in Betracht kam, die Ehegatten sich aber gleichwohl innerlich so weit auseinandergelebt hatten, daß mit einer Wiederherstellung der dem Wesen der Ehe entsprechenden Lebensgemeinschaft nicht mehr gerechnet werden konnte.[4] Nicht das Verschulden, sondern allein die tiefgreifende Zerrüttung verlangte demnach der neue Scheidungsgrund als tatsächliche Voraussetzung für eine Ehescheidung.[5]

---

[1] RGBl. I 807.

[2] Vgl. zu den sonstigen Neuerungen des EheG von 1938 Wolf/Lücke/Hax, Scheidung und Scheidungsrecht, S. 78 ff.

[3] v. Scanzoni, Das großdeutsche Ehegesetz, § 55 Rnr. 1; Wolf/Lücke/Hax, Scheidung und Scheidungsrecht, S. 84; Giesen FamRZ 1984, 1188 (1190).

[4] Amtliche Begründung DJ 1938, 1102 (1109).

[5] Graehl, Die geschichtliche Entwicklung des § 48 Ehegestz, S. 46.

Dem Scheidungsbegehren gemäß § 55 I EheG 38 konnte jedoch gemäß § 55 II 1 EheG 38 widersprochen werden, wenn der die Scheidung begehrende Ehegatte die Zerrüttung ganz oder überwiegend verschuldet hatte. Der Widerspruch bildete die Verteidigungsmöglichkeit des beklagten Ehegatten in der Form der Einrede.[6] Gemäß § 55 II 2 EheG 38 war der Widerspruch allerdings nur dann beachtlich, wenn die Aufrechterhaltung der Ehe bei richtiger Würdigung des Wesens der Ehe und des gesamten Verhaltens beider Ehegatten sittlich gerechtfertigt war. Demnach hatte das Gericht gemäß Satz 1 des § 55 II EheG 38 über die Zulässigkeit des Widerspruchs und anschließend gemäß Satz 2 des § 55 II EheG 38 darüber zu entscheiden, ob der zulässige Widerspruch auch beachtlich war.[7]

Eine Berücksichtigung der Kindesinteressen an der Aufrechterhaltung der zerrütteten Ehe hatte der Gesetzgeber im EheG 38 außer acht gelassen. Erst das RG hat bei der Prüfung der Beachtlichkeit des Widerspruchs nach § 55 II 2 EheG 38 auch die Interessen der minderjährigen Kinder an der Aufrechterhaltung der Ehe gewürdigt.[8] § 55 II 2 EheG 38 bildete somit den gesetzlichen Ausgangspunkt, über den die Gerichte den Mangel einer Kinderschutzklausel korrigieren konnten.

Das RG beurteilte grundsätzlich die Aufrechterhaltung einer alten Ehe mit dem Ziel, den aus ihr hervorgegangenen minderjährigen Kindern die Grundlage für ihre körperliche und geistige Entwicklung zu erhalten, für wertvoller als den Versuch, eine neue Familie zu gründen.[9] Es hielt daher den Widerspruch des beklagten Ehegatten gegen die Scheidung für beachtlich, wenn dem aus der Ehe strebenden Ehegatten durch die Lösung aus der alten Ehe zwar der Aufbau einer neuen Familie ermöglicht wurde, die Beendigung der alten Ehe aber in erzieherischer und vor allem finanzieller Hinsicht zu Lasten der ersteheliehen minderjährigen Kinder ging.[10] In diesen Fällen verlangte das RG, daß der die Scheidung begehrende Ehegatte unter Verzicht auf seine eigenen persönlichen Wünsche sich und seine Arbeitskraft seinen Kindern widmete.[11]

Eine Ausnahme hiervon machte das RG allerdings dann, wenn sich der aus der Ehe strebende Ehegatte bisher als arbeitsam, tüchtig und zuverlässig erwie-

[6] Lauterbach, ZAkDR 1938, 728 (729).
[7] Zeidler, in: Festschrift für Faller, S. 145 (146).
[8] RGZ 160, 41 (44); RGZ 162, 47 (51); RGZ 162, 124 (127).
[9] RGZ 160, 41 (44); RGZ 162, 124 (127).
[10] RGZ 160, 41 (44).
[11] RGZ 160, 41 (44).

sen hatte und deshalb die Gewähr dafür bot, daß er seine Kinder aus erster Ehe auch zukünftig angemessen unterstützen werde.[12]

Weiterhin erklärte das RG – trotz entgegenstehender Belange minderjähriger Kinder – den Widerspruch des beklagten Ehegatten nach § 55 II 2 EheG 38 für unbeachtlich, wenn der aus der Ehe strebende Ehemann bereits schon seit langem eine wirklich dauerhafte und feste Verbindung zu einer anderen Frau unterhielt und aus dieser bereits Kinder hervorgegangen oder zu erwarten waren.[13] Der Grund hierfür lag in dem bevölkerungspolitischen Standpunkt der NS-Ideologie, der Eingang in die Rechtsprechung des RG gefunden hatte.[14] Nach der nationalsozialistischen Weltanschauung war die Ehe die Keimzelle der Volksgemeinschaft und die Lebensgrundlage für die Nachkommenschaft.[15] Der Hauptzweck der Ehe lag deshalb darin, der Volksgemeinschaft erbgesunden Nachwuchs zu schenken.[16] Der Wert einer Ehe – und damit ihre Schutzbedürftigkeit – hing folglich davon ab, ob aus ihr noch Kinder zu erwarten waren.[17] Von diesem bevölkerungspolitischen Standpunkt aus war es folgerichtig, die Belange der minderjährigen Kinder an der Aufrechterhaltung der zerrütteten Ehe unberücksichtigt zu lassen, sofern aus einer Verbindung zwischen dem aus der Ehe strebenden Ehegatten und einer anderen Frau bereits Kinder hervorgegangen oder zu erwarten waren.[18]

---

[12] RGZ 169, 36 (38).

[13] RGZ 160, 41 (45).

[14] Dölle, Familienrecht Band I, § 39 IV. 1, S. 533 f.

[15] v. Scanzoni, Das großdeutsche Ehegesetz, § 55 Rnr. 42, S. 172.

[16] Freisler, Vom alten zum neuen Ehescheidungsrecht, S. 149; Hitler, Mein Kampf, S. 274: „Auch die Ehe kann nicht Selbstzweck sein, sondern muß dem einen größeren Ziel der Vermehrung und Erhaltung der Art und Rasse dienen."

[17] RGZ 159, 111 (114); RGZ 159, 305 (311); RGZ 160, 144 (146); RGZ 168, 38 (38); Giesen FamRZ 1984, 1189 (1191); Rüthers, Die unbegrenzte Auslegung, S. 410.

[18] Mit welcher rücksichtslosen Brutalität die persönlichen Belange des beklagten Ehegatten vom RG zurückgedrängt wurden, wenn die konkrete Ehe den bevölkerungspolitischen Zielen der NS-Ideologie nicht gerecht werden konnte, zeigt die im 168. Band auf den Seiten 38/39 veröffentlichte Entscheidung: Die Ehe der noch jugendlichen Parteien war durch das alleinige Verschulden des Ehemannes infolge vielfacher Ehebrüche zerrüttet worden. Weiterhin hatte der Mann seine Frau mit einer Geschlechtskrankheit infiziert, die zur Folge hatte, daß diese unfruchtbar wurde. Das RG erklärte den Widerspruch der Ehefrau gemäß § 55 II 2 EheG 38 für unbeachtlich, da diese Ehe keinen vernünftigen Zweck mehr haben könne. Vgl. zu dieser Entscheidung auch die Anmerkung von Dölle, Grundsätzliches zum Scheidungsrecht, S. 19.

Dadurch, daß die Kindesinteressen vom RG nur bei der Prüfung der Beachtlichkeit des Widerspruchs des beklagten Ehegatten gewürdigt werden konnten, mußten diese gänzlich unberücksichtigt bleiben, wenn der beklagte Ehegatte keinen Widerspruch erhoben hatte oder der erhobene Widerspruch gemäß § 55 II 1 EheG 38 nicht durchgriff, weil der Ehegatte, der die Scheidung begehrte, die Zerrüttung nicht ganz oder nicht überwiegend zu verschulden hatte.[19] Die Berücksichtigung der Kindesinteressen an der Aufrechterhaltung der Ehe war somit nur bedingt möglich. Die Aufrechterhaltung einer zerrütteten Ehe im Interesse der minderjährigen Kinder blieb deshalb während des EheG 38 die Ausnahme.

§ 3 Entwicklung der Kinderschutzklausel im Recht der Bundesrepublik Deutschland

A. Kinderschutzklausel des § 48 III EheG 46

Der Zusammenbruch Deutschlands im Jahre 1945 und die Besetzung durch die alliierten Siegermächte zeigten ihre Auswirkungen auch im deutschen Eherecht. Bestimmungen des EheG 38 mit typisch nationalsozialistischem Inhalt wurden vom Kontrollrat der Besatzungsmächte ersatzlos gestrichen. Soweit es sich um das Ehescheidungsrecht handelte, betraf dies den Tatbestand des § 48 EheG 38 – beharrliche Weigerung der Fortpflanzung ohne triftigen Grund – und den Tatbestand des § 53 EheG 38 – nichtverschuldete vorzeitige Unfruchtbarkeit.[20] Der weitaus größte Teil des EheG 38 wurde aber wörtlich in das Gesetz Nr. 16 des Alliierten Kontrollrates vom 20.2.1946 – EheG 46 – übernommen.[21]

Auf Anregung der sowjetischen Besatzungsmacht wurde den beiden Absätzen des § 55 EheG 38, der nunmehr als § 48 EheG 46 erschien, ein dritter Absatz hinzugefügt. Dieser sah eine Kinderschutzklausel vor, die als eine der bedeutendsten Neuerungen des EheG 46 bezeichnet wurde.[22] Deren Normtext lautete:

---

[19] Beitzke, Familienrecht, § 13 III. 2. c), S. 54.

[20] Nehlert JR 1947, 69 (69); Bosch FamRZ 1991, 1370 (1372).

[21] Amtsblatt des Kontrollrates in Deutschland, S. 77.

[22] Nehlert JR 1947, 69 (70).

„Dem Scheidungsbegehren ist nicht stattzugeben, wenn das wohlverstandene Interesse eines oder mehrerer minderjähriger Kinder, die aus der Ehe hervorgegangen sind, die Aufrechterhaltung der Ehe erfordert.“

I. Historischer Hintergrund

Daß gerade von sowjetischer Seite die Einführung einer Kinderschutzklausel gefordert wurde, wird verständlich, wenn man sich die Familienrechtsentwicklung der UdSSR vergegenwärtigt.

Diese stellt ein faszinierendes Beispiel einer völlig gegensätzlichen Rechtspolitik innerhalb kurzer Zeiträume dar. Der Prämisse Engels folgend, daß nur die auf Liebe beruhende Ehe sittlich sei[23], wurde mit dem Dekret „Über die Ehescheidung“ vom 19.12.1917 und in Art. 87 des Familiengesetzes aus dem Jahre 1918 ein neuer Scheidungsgrund eingeführt. Dieser bestimmte, daß für eine Scheidung das gegenseitige Einverständnis beider sowie der alleinige Wunsch eines Ehegatten zur Scheidung genügt.[24] Für eine Ehescheidung reichte somit die Erklärung eines Ehegatten gegenüber dem Standesamt, daß er die Ehe beenden wolle.[25] Durch das Familiengesetz von 1927 wurde die De-facto-Ehe der registrierten gleichgestellt. Zur Beendigung der De-facto-Ehe reichte als actus contrarius eine einseitige informelle Erklärung gegenüber dem anderen Ehegatten, die Ehe beenden zu wollen.[26] Diese informelle Möglichkeit, eine De-facto-Ehe zu beenden, wurde von der sowjetischen Rechtsprechung auf registrierte Ehen ausgeweitet.[27]

---

[23] Nach Engels war allein die auf Liebe beruhende Ehe sittlich, und sie war es nur so lange, wie die Liebe fortbestand. Fiel dieses einzige Band zwischen den Ehegatten fort, so sollte die Ehe ohne weiteres zu scheiden sein. Den Ehegatten sollte nicht zugemutet werden, „durch den nutzlosen Schlamm eines Scheidungsprozesses“ waten zu müssen. Engels, Der Ursprung der Familie, des Privateigentums und des Staates, S. 72.

[24] Gorecki, in: Soziologie der Familie, S. 493; Bilinsky, Das sowjetische Eherecht, S. 14.

[25] Westen, in: Die Deutsche Demokratische Republik im Lichte der Grundrechte und der Rechtsstaatsidee, S. 74 f.; Bilinsky, Das sowjetische Eherecht, S. 20; Gorecki, in: Soziologie der Familie, S. 493.

[26] Bilinsky, Das sowjetische Eherecht, S. 21 f.

[27] Urteil des Obersten Gerichts vom 9.5.1929 – zitiert bei Gorecki, in: Soziologie der Familie, S. 493.

Die Folgen dieser radikalen Entformalisierung des Scheidungsrechts erwiesen sich als verheerend. So wurde in der sowjetischen Presse von Personen berichtet, die bis zu fünfzehnmal geschieden und wieder verheiratet waren.[28] Der Preis für diese Freiheit wurde von den aus den „Ehen" hervorgegangenen Kindern bezahlt. Nach russischen Schätzungen waren Mitte der dreißiger Jahre etwa neun Millionen Kinder – die sogenannten „Besprisornje" – heimatlos und unversorgt.[29] Aus diesem Grunde wurde von nun an in der UdSSR eine entgegengesetzte Rechtspolitik betrieben. Die Ehescheidung wurde wieder völlig in die Kompetenz der Gerichte gestellt. Sie wurde zudem in den Ausweispapieren beider Teile vermerkt. Außerdem wurde eine Scheidungstaxe erhoben, die mit jeder weiteren Scheidung stieg. Diese Maßnahmen reichten aus, um die Zahl der in Moskau vollzogenen Scheidungen im Jahre 1936 von 2214 im Juni auf 215 im Juli sinken zu lassen.[30] Erst gegen Ende der sechziger Jahre fand man in der UdSSR zu einem liberaleren Scheidungsrecht zurück. Dieses hielt am Ehescheidungsmonopol der Gerichte fest, sah aber als wichtige Ausnahme vor, daß Ehegatten, die keine minderjährigen Kinder hatten, ihre Ehe durch einverständliche Erklärung vor dem Standesamt auflösen lassen konnten.[31]

II. Gesetzessystematische Einordnung und Anwendung

Gesetzessystematisch wurde die Kinderschutzklausel des § 48 III EheG 46 als eigenständiger Klageabweisungsgrund gegenüber der Klage aus § 48 I EheG 46 konzipiert und trat somit neben das Widerspruchsrecht des anderen Ehegatten aus § 48 II EheG 46.[32] Die Berücksichtigung der Kindesinteressen an der Aufrechterhaltung der zerrütteten Ehe war deshalb von nun an nicht mehr – wie im EheG 38 – davon abhängig, daß der beklagte Ehegatte Widerspruch gegen die Scheidung erhoben hatte.[33] Vielmehr mußten die Kindesinteressen von Amts wegen berücksichtigt werden.[34]

---

[28] Gorecki, in: Soziologie der Familie, S. 495.

[29] Westen, in: Die Deutsche Demokratische Republik im Lichte der Grundrechte und der Rechtsstaatsidee, S. 74 f.; Gorecki, in: Soziologie der Familie, S. 493.

[30] Gorecki, in: Soziologie der Familie, S. 495.

[31] Westen, in: Die Deutsche Demokratische Republik im Lichte der Grundrechte und der Rechtsstaatsidee, S. 75.

[32] Hoffmann-Stephan § 48 Rnr. 127.

[33] BGB/RGRK-Wüstenberg § 48 Anm. 258.

[34] Hoffmann-Stephan § 48 Rnr. 135.

Wegen ihrer systematischen Stellung als dritter Absatz des § 48 EheG 46 war die Kinderschutzklausel allerdings nur auf die Zerrüttungsscheidung nach § 48 I EheG 46 anwendbar.[35] Bei einer Scheidung aus den Verschuldenstatbeständen der §§ 42 (Ehebruch), 43 (Andere Eheverfehlungen) EheG 46 oder einer Scheidung wegen Krankheit gemäß §§ 44 (Auf geistiger Störung beruhendes Verhalten), 45 (Geisteskrankheit) EheG 46 schied eine Anwendung des § 48 III EheG 46 daher aus. Wegen dieser eingeschränkten Anwendungsmöglichkeit hat auch die Kinderschutzklausel des § 48 III Ehe 46 in der zivilrechtlichen Praxis keine große Bedeutung erlangt. So konnte z. B. im Jahre 1975 in 97 % aller Scheidungen keine Rücksicht auf die Interessen der minderjährigen Kinder an der Aufrechterhaltung der Ehe genommen werden.[36]

Für die Beurteilung der schwierigen Frage, wann ein wohlverstandenes Kindesinteresse die Aufrechterhaltung der Ehe erfordere, entwickelte die Rechtsprechung die Formel zu § 48 III EheG 46, daß es entscheidend darauf ankomme, wie sich die Scheidung in wirtschaftlicher[37], erzieherischer[38] und seelischer[39] Hinsicht für die minderjährigen Kinder auswirke. Unter Beachtung dieser Kriterien und der Voraussetzung, daß die Ehegatten auch nach der Abweisung der Scheidungsklage weiterhin getrennt voneinander leben[40], ermittelten die Gerichte, ob die Lösung der Ehe den Kindern zum Nach- oder Vorteil gereichte. Wirkte diese sich nach der Auffassung der Gerichte hinsichtlich der genannten Kriterien nachteilig für die minderjährigen Kinder aus, so wurde den Ehegatten die Ehescheidung versagt.[41]

---

[35] BGB/RGRK-Wüstenberg § 48 Anm. 257.

[36] MünchKomm-Wolf, 2. Auflage, § 1568 Rnr. 16.

[37] BGH FamRZ 1969, 26 (28); BGH FamRZ 1957, 249 (251); OLG München FamRZ 1968, 162 (165); OLG Celle FamRZ 1963, 523 (524); OLG Frankfurt SJZ 1946, 225 (226); BayObLG SJZ 1949, 627 (629); OLG Oldenburg NJW 1947/48, 103 (104).

[38] OLG Köln MDR 1960, 51 (51); OLG Celle FamRZ 1963, 523 (524); OLG Oldenburg NJW 1947/48, 103, (104).

[39] BGH FamRZ 1955, 97 (98); OLG Celle NJW 1953, 1916 (1916); OLG Nürnberg FamRZ 1961, 526 (530); OLG Stuttgart FamRZ 1956, 240 (240), OLG Schleswig FamRZ 1955, 107 (107).

[40] BGH FamRZ 1969, 26 (28); Dettmers NJW 1947/48, 104 Anm. zu OLG Oldenburg NJW 1947/48, 103 (104); Dölle, Familienrecht Band I, § 39 IV. 4, S. 528; Gernhuber, Familienrecht, 1. Auflage, § 27 IV. 10, S. 266; Hoffmann-Stephan § 48 Rnr. 142; BGB/RGRK-Wüstenberg § 48 Anm. 269.

[41] Zu den einzelnen von der Rechtsprechung zu § 48 III EheG 46 entwickelten Fallgruppen wird im 2. Kapitel der Arbeit ausführlich Stellung genommen.

B. Parlamentarische Diskussion um die Einführung einer Kinderschutzklausel in das BGB

Die parlamentarische Diskussion um die Reform des Scheidungsrechts wurde in der Bundesrepublik Deutschland 1967 durch eine Initiative der FDP entfacht.[42] Diese hatte zunächst nur eine Änderung des § 48 II EheG 46 – im Sinne einer Abschwächung des Widerspruchsrechts – zum Ziel.[43] Schon bald aber stand die Einführung einer Zerrüttungsgeneralklausel und deren mögliche Begrenzung durch eine Ehegatten- und Kinderschutzklausel im Mittelpunkt der parlamentarischen Diskussion. Letztere erlitt im Verlauf des Gesetzgebungsverfahrens zum ersten Gesetz zur Reform des Ehe- und Familienrechts – 1. EheRG – das folgende wechselvolle Schicksal.

I. Thesen der Eherechtskommission des Deutschen Bundestages

Auf Beschluß des Bundestages vom 8.11.1967 wurde eine Kommission zur Vorbereitung einer Reform des Ehe- und Ehescheidungsrechts berufen.[44] Diese legte am 8.5.1970 dem Justizminister Thesen zu einer umfassenden Reform des Scheidungs- und Scheidungsfolgenrechts vor. In These 4 empfahl die Eherechtskommission die Einführung einer Zerrüttungsgeneralklausel.[45] Zur Vermeidung von Härten schlug die Kommission in These 7 eine Einschränkung der Zerrüttungsgeneralklausel durch eine zeitlich auf 5 Jahre begrenzte materielle und immaterielle Härteklausel zugunsten des Scheidungsgegners vor.[46] Die Interessen der minderjährigen Kinder sollten dagegen nur dann zur Abweisung des Scheidungsantrags führen, wenn die Ehescheidung schwerwiegende wirtschaftliche Nachteile für die gemeinsamen Kinder zur Folge hätte.[47] Die Kommission begründete dies damit, daß immaterielle Nachteile für die Kinder bereits mit der Zerrüttung der Ehe und der Trennung der Eltern eingetreten seien. Der Ausspruch der Scheidung bedeute diesbezüglich für die Kinder keine faktische Schlechterstellung mehr.[48]

---

[42] Vgl. zur Reform des Ehescheidungsrechts auch Peuckmann, Härteklausel zur Begrenzung des objektiven Zerrüttungsprinzips?, S. 19 ff.; Staudinger-Rauscher Vorbemerkung zu §§ 1564–1568 Rnr. 23 f.

[43] BR-Drs. V/1444.

[44] BT Sten. Prot., 5. Wp., 131 Sitzung, S. 6704.

[45] Eherechtskommission, Teilbericht 1, FamRZ 1970, 213 (213).

[46] Eherechtskommission, Teilbericht 1, FamRZ 1970, 213 (214).

[47] Eherechtskommission, Teilbericht 1, FamRZ 1970, 213 (214).

[48] Eherechtskommission, S. 55.

II. Auffassung der Kirchen

Von kirchlicher Seite wurde der Eherechtskommission in bezug auf These 7 widersprochen. Die Familienrechtskommission der Evangelischen Kirche schlug die Einführung einer umfassenden Kinderschutzklausel vor. Bei allen Scheidungsfällen – auch bei einer einverständlichen Scheidung – sollte geprüft werden, ob das „wohlverstandene Interesse der Kinder" in materieller und immaterieller Hinsicht einer Scheidung der zerrütteten Ehe entgegenstehe.[49] Das Kommissariat der deutschen Bischöfe stimmte dem zu.[50] Von diesem wurde darüber hinaus angeregt, daß die Gerichte gehalten sein sollten, bei der Prüfung, ob die Kindesinteressen eine Aufrechterhaltung der zerrütteten Ehe fordern, den sachkundigen Rat der behördlichen oder freien Jugendhilfe einzuholen.[51]

III. Diskussionsentwurf des Justizministeriums

Der Diskussionsentwurf des Justizministeriums vom 21.7.1970 sah in § 5 eine zeitlich unbegrenzte, lediglich zugunsten des Scheidungsgegners wirkende immaterielle Härteklausel vor. Die Belange der minderjährigen Kinder an der Aufrechterhaltung der zerrütteten Ehe wurden in diesem Entwurf nicht berücksichtigt.[52] Die Bundesregierung verabschiedete auf der Grundlage dieses Entwurfs am 19.5.1971 den Regierungsentwurf eines „Ersten Gesetzes zur Reform des Familienrechts".[53] Dieser konnte jedoch wegen der vorzeitigen Auflösung des Bundestages im Jahre 1972 nicht weiter beraten werden.

IV. 2. Regierungsentwurf

Die Bundesregierung legte in der 7. Legislaturperiode am 1.6.1975 einen zweiten, im wesentlichen unveränderten Regierungsentwurf vor. Darin war aus dem ersten Entwurf die Härteklausel wörtlich übernommen. Daß dabei die Kindesinteressen an der Aufrechterhaltung der Ehe nicht berücksichtigt wurden, begründete die Bundesregierung damit, daß nur ein geordnetes Familienleben dem Wohl der Kinder dienen könne, nicht aber eine unheilbar zerrüttete Ehe der Eltern. Mit der rechtlichen Aufrechterhaltung des Ehebandes allein könne

---

[49] Denkschrift der EKD, in: Reform des Ehescheidungsrechts, S. 39.

[50] Kommissariat der deutschen Bischöfe, in: Reform des Ehescheidungsrechts, S. 132.

[51] Kommissariat der deutschen Bischöfe, in: Reform des Ehescheidungsrechts, S. 132.

[52] Diskussionsentwurf, S. 13.

[53] BT-Drs. VI/2577.

den Kindern ein geordnetes Familienleben weder erhalten noch wiederhergestellt werden. Die Familiengemeinschaft bleibe zerstört, auch wenn das Scheidungsbegehren abgewiesen würde.[54] Zwar räumte die Bundesregierung in ihrem Entwurf ein, daß in materieller Hinsicht die Interessen der Kinder durch eine Wiederverheiratung des zum Unterhalt verpflichteten Ehegatten beeinträchtigt werden könnten, eine solche Beeinträchtigung der Kindesinteressen sei aber durch öffentliche Hilfen auszugleichen und rechtfertige deshalb nicht die Einführung einer Kinderschutzklausel.[55]

V. Auffassung des Bundesrates

Der Bundesrat widersprach dem Entwurf der Bundesregierung und verlangte die Einführung einer Kinderschutzklausel zur Begrenzung der Zerrüttungsgeneralklausel. Nach seiner Vorstellung sollte diese wie folgt gefaßt werden:

> „Die Ehe soll nicht geschieden werden, obwohl sie unheilbar zerrüttet ist, wenn die Aufrechterhaltung der Ehe im Interesse der aus der Ehe hervorgegangenen minderjährigen Kinder notwendig ist ...“[56]

Der Bundesrat wies in seiner Begründung darauf hin, daß den Kindern mit der Aufrechterhaltung einer zerrütteten Ehe zwar vielfach nicht gedient sei, trotzdem seien jedoch Fälle denkbar, in denen es erforderlich sei, im Interesse der Kinder die Ehe aufrechtzuerhalten. Konkrete Fälle nannte der Bundesrat in seiner Gesetzesbegründung allerdings nicht. Vielmehr berief er sich auf Erfahrungen in der DDR, in der das Zerrüttungsprinzip schon seit zwei Jahrzehnten gelte und wo es sich immer wieder als erforderlich erwiesen habe, die Scheidung einer unheilbar zerrütteten Ehe im Interesse der minderjährigen Kinder abzulehnen.[57]

VI. Auffassung des Rechtsausschusses des Bundestages

Im Rechtsausschuß des Bundestages wurde die Diskussion um die Einführung einer Kinderschutzklausel im wesentlichen mit denselben Inhalten geführt wie zwischen der Bundesregierung und dem Bundesrat.

---

[54] BT-Drs. 7/650, S. 118; BT-Drs. VI/2577, S. 62.
[55] BT-Drs. 7/650, S. 119; BT-Drs. VI/2577, S. 62.
[56] BT-Drs. 7/4694, S. 9.
[57] BT-Drs. 7/650, S. 261; BT-Drs. 7/4694, S. 9; BR-Drs. 1/76 Beschluß vom 30.1.1976.

Die Abgeordneten der Regierungskoalition (SPD/FDP) stellten darauf ab, es sei unwahrscheinlich, daß durch die formale Aufrechterhaltung einer zerrütteten Ehe den Kinder geholfen werden könne. Für die Kinder aus einer solchen Ehe seien die Auswirkungen vielmehr die gleichen, ob ihre Eltern dauernd getrennt oder geschieden lebten.[58] Dem Kindeswohl diene nur eine Befriedung des Zerwürfnisses der Eltern. Durch die zwangsweise Aufrechterhaltung des formalen Ehebandes ließe sich diese aber nicht erreichen.

Die Abgeordneten der Opposition (CDU/CSU) stellten dem entgegen, daß es Fälle gäbe, in denen eine dem Wesen der Ehe entsprechende Lebensgemeinschaft nicht mehr vorhanden sei, die Betreffenden aber trotzdem in gesitteter Form zusammenwohnen würden. Unter solchen Umständen sei es denkbar, daß die Kinder gut erzogen werden.[59] Dem Ehegatten, der die Scheidung beantrage, müsse nur die Notwendigkeit der Aufrechterhaltung der Ehe im Scheidungsverfahren deutlich gemacht werden; dann sei es auch durchaus naheliegend, daß dieser sich auf seine Elternpflicht besinne und im Interesse der minderjährigen Kinder eine äußerlich geordnete Ehe führe.[60]

Ebenso wie der Bundesrat wiesen die Abgeordneten der Opposition darauf hin, daß das in der DDR geltende Zerrüttungsprinzip auf Grund negativer Erfahrungen im Interesse der minderjährigen Kinder eingeschränkt worden sei. Trotz unterschiedlicher weltanschaulicher Gesichtspunkte würden diese Erfahrungen auch für die Bundesrepublik Deutschland gelten.[61]

Der Rechtsausschuß lehnte dennoch mit Mehrheit den Antrag des Abgeordneten Thürk (CDU/CSU) ab, den § 1568 BGB so zu fassen, daß die Ehe auch dann nicht geschieden werden dürfe, wenn die Aufrechterhaltung der Ehe im Interesse der aus der Ehe hervorgegangenen minderjährigen Kinder notwendig sei.[62] Der Bundestag beschloß am 11.12.1975 den Regierungsentwurf in der Fassung des Rechtsausschusses. Eine Kinderschutzklausel zur Begrenzung der Zerrüttungsgeneralklausel war nicht vorgesehen.[63]

---

[58] BT Sten. Prot., 7. Wp., 52. Sitzung, S. 86.
[59] BT Sten. Prot., 7. Wp., 52. Sitzung, S. 69.
[60] BT-Drs. 7/4361, S. 14.
[61] BT Sten. Prot., 7. Wp., 52. Sitzung, S. 88.
[62] BT Sten. Prot., 7. Wp., 52. Sitzung, S. 89.
[63] BT Sten. Prot., 7. Wp., 209. Sitzung, S. 14522.

VII. Auffassung des Vermittlungsausschusses

Unter anderem wegen des Fehlens einer Kinderschutzklausel beschloß der Bundesrat am 30. 1. 1976 auf Antrag der Länder Baden-Württemberg, Bayern, Rheinland-Pfalz, Saarland und Schleswig-Holstein gemäß Art. 77 II GG den Vermittlungsausschuß anzurufen.[64]

Für das Zugeständnis einer zeitlichen Begrenzung in § 1568 BGB auf fünf Jahre gelang den Vertretern des Bundesrates, eine Kinderschutzklausel in § 1568 BGB aufzunehmen. Zuvor hatten sich die Vertreter des Bundesrates allerdings vehement gegen eine zeitliche Begrenzung der Härteklauseln gewehrt. Einer Befristung der Härteklauseln könne aus grundsätzlichen Erwägungen nicht gefolgt werden. Denn wenn die Aufrechterhaltung der Ehe im Interesse der aus der Ehe hervorgegangenen minderjährigen Kinder notwendig sei, dann dürfe dies nicht durch eine befristete Härteklausel vereitelt werden.[65] Bundesrat und Bundestag einigten sich auf den folgenden – heute noch gültigen – Wortlaut des § 1568 I 1. Fall BGB:

„Die Ehe soll nicht geschieden werden, obwohl sie gescheitert ist, wenn und solange die Aufrechterhaltung der Ehe im Interesse der aus der Ehe hervorgegangenen minderjährigen Kinder aus besonderen Gründen ausnahmsweise notwendig ist ...“[66]

In § 1568 II BGB wurde die von den Vertretern der Regierung geforderte zeitliche Befristung aufgenommen. Hiernach durfte Absatz 1 nicht angewendet werden, wenn die Ehegatten länger als fünf Jahre getrennt lebten.[67]

Durch die von dem ursprünglichen Vorschlag des Bundesrates[68] deutlich abweichende sprachliche Fassung des § 1568 I 1. Fall BGB und dessen zeitliche Begrenzung tritt der Kompromißcharakter der Vorschrift klar zu Tage. Die sprachliche Fassung der Kinderschutzklausel wurde von einzelnen Vertretern des Bundesrates noch in der letzten Beratung auf das Schärfste kritisiert: „... durch die dreifache Einschränkung – aus besonderen Gründen, ausnahmsweise, notwendig – wird für den Richter das Verbot ausgesprochen, die Kinderschutzklausel anzuwenden.“[69]

---

[64] BR-Drs. 1/76, Beschluß vom 30. 1. 1976.

[65] Kurzprotokoll 31. Sitzung des VA, S. 28.

[66] Kurzprotokoll 32. Sitzung des VA, S. 43.

[67] Kurzprotokoll 32. Sitzung des VA, S. 43.

[68] Vgl. § 3 B V.

[69] Kurzprotokoll 32. Sitzung des VA, S. 33.

Konkrete Fallgruppen, in denen § 1568 I 1. Fall BGB zur Anwendung gelangen soll, wurden im Vermittlungsausschuß nicht diskutiert. Vielmehr stellten die Befürworter der Kinderschutzklausel unter Verweis auf die Vielgestaltigkeit des Lebens darauf ab, daß es den Gerichten zu überlassen sei, aus den Erfahrungen und Erfordernissen der Praxis heraus die Fallgestaltungen herauszuarbeiten, bei denen die Bestimmung eingreifen soll.[70] Der Gesetzesvorschlag des Vermittlungsausschusses wurde im Bundestag bei zwei Stimmenthaltungen mit Mehrheit verabschiedet.[71] Im Bundesrat stimmten dem Gesetzesvorschlag bis auf Bayern und das Saarland alle Länder zu.[72]

VIII. Ergebnis zu B

Das Gesetzgebungsverfahren zum 1. EheRG war nunmehr nach neun Jahren abgeschlossen und trägt – wie die sprachliche Fassung des § 1568 I 1. Fall BGB zeigt – deutliche Spuren des politischen Kampfes. Der überaus restriktive Wortlaut des § 1568 I 1. Fall BGB offenbart das Dilemma der an der Gesetzgebung beteiligten Organe, die einerseits nicht daran glaubten, daß die Aufrechterhaltung einer gescheiterten Ehe den Kindern nützt, anderseits jedoch im Hinblick auf Erfahrungen in der DDR nicht alle Ausnahmefälle gleichermaßen entschieden wissen wollten.

C. Einfluß der Urteile des Bundesverfassungsgerichts

Bei der verfassungsrechtlichen Gesamtbeurteilung des neuen Scheidungsrechts durch das BVerfG erwies sich die zeitliche Befristung des § 1568 BGB als der eigentlich problematische Punkt. Das BVerfG beschäftigte sich mit dieser in zwei rasch aufeinanderfolgenden Urteilen. In dem Urteil vom 28.2.1980 konnte eine Verfassungswidrigkeit der Fünf-Jahres-Frist des § 1568 II BGB nicht festgestellt werden, da nur 4 der 8 Richter in § 1568 II BGB einen Verstoß gegen Art. 6 I GG sahen.[73] Bereits am 21.10.1980 sprach das BVerfG jedoch die Unvereinbarkeit des § 1568 II BGB mit Art. 6 I GG aus, soweit

[70] Kurzprotokoll 32. Sitzung des VA, S. 32.
[71] BT Sten. Prot., 7. Wp., 235. Sitzung, S. 16412 D.
[72] BR Sten. Prot., 433. Sitzung, S. 131 B, 134 D und 136 B.
[73] BVerfG NJW 1980, 689 (689).

danach eine Ehescheidung nach fünfjährigem Getrenntleben der Ehegatten ausnahmslos auszusprechen ist, ohne daß außergewöhnlichen Härten mindestens durch eine Aussetzung des Verfahrens begegnet werden kann, um eine Scheidung zur Unzeit zu verhindern.[74] In der Urteilsbegründung stellte das BVerfG zutreffend darauf ab, daß viele Härten im Laufe der fünfjährigen Trennungszeit grundsätzlich an Bedeutung verlieren würden. Die Starrheit der Fristenregelung des § 1568 II BGB gerate jedoch dann in Widerspruch zu Art. 6 I GG, wenn die Härteklausel zeitlich erschöpft ist und somit Umstände, die eigentlich berücksichtigt werden müßten, nicht mehr berücksichtigt werden können.[75] Das BVerfG befaßte sich in dieser Entscheidung allerdings ausschließlich mit der Ehegattenklausel des § 1568 I 2. Fall BGB, obwohl sich die Antragsgegnerin auf beide Tatbestände des § 1568 I BGB berufen hatte. Die verfassungsrechtliche Begründung zur Ehegattenklausel gilt jedoch zwangsläufig auch für die Situation der aus der Ehe stammenden minderjährigen Kinder. Auch für diese kann eine Ehescheidung noch eine besondere Härte bedeuten, obwohl die Ehegatten bereits seit fünf Jahren getrennt leben. Das BVerfG bestätigte mit seiner zweiten Entscheidung zu § 1568 II BGB die zutreffende Kritik, die von einigen Vertretern des Bundesrates im Vermittlungsausschuß an den befristeten Härteklauseln des § 1568 BGB geübt wurde.[76]

D. Änderung durch das Unterhaltsgesetz

Durch das Unterhaltsgesetz vom 1.4.1986 wurde § 1568 II BGB sodann ersatzlos gestrichen.[77] Der Gesetzgeber entschied sich somit nicht für die im Urteil des BVerfG angesprochene verfahrensrechtliche Lösung des Fristenproblems, sondern für eine materiellrechtliche Änderung des § 1568 BGB. Seitdem gilt die Kinderschutzklausel des § 1568 1. Fall BGB unbefristet.

---

[74] BVerfG NJW 1981, 108 (109).

[75] BVerfG NJW 1981, 108 (109).

[76] Vgl. 3 B VII. Gegen eine Befristung hatten sich auch weite Teile des Schrifttums gewandt: Ambrock FamRZ 1978, 314 (315); Hillermeier FamRZ 1976, 577 (579); Bosch FamRZ 1976, 401 (401); Wilkens FamRZ 1981, 109 (110), Giesen Jura 1979, 590 (596); a.A. Ramm JZ 1986, 164 (165): Infolge der Massierung unbestimmter Rechtsbegriffe in § 1568 I BGB stellte die zeitliche Befristung der Härteklauseln nach Ramm eine notwendige Absicherung des Bürgers gegen richterliche Willkür dar. In diesem Sinne äußerte sich auch Lücke, in: Festschrift für Bosch, S. 627 (643).

[77] BT-Drs. 10/2888, S. 5.

§ 4 Entwicklung der Kinderschutzklausel im Recht der DDR

A. Kinderschutzklausel des § 48 III EheG 46

Auch auf dem Gebiet der ehemaligen DDR galt zunächst ebenfalls das Gesetz Nr. 16 des Alliierten Kontrollrats – EheG 46 –. Im Rahmen des § 48 III EheG 46 prüften die Gerichte ebenso wie in der Bundesrepublik Deutschland, wie sich die Ehescheidung in erzieherischer und seelischer Hinsicht auf minderjährige Kinder auswirken würde. Sie kamen aber im Gegensatz zu den Gerichten der Bundesrepublik Deutschland stets zu dem Ergebnis, daß die Aufrechterhaltung einer unheilbar zerrütteten Ehe aus keinem dieser Gründe erforderlich sei.[78] Vielmehr sei das Gegenteil der Fall. Gerade das Interesse der minderjährigen Kinder fordere die alsbaldige Lösung einer nur dem Namen nach noch bestehenden und mit großen Konflikten behafteten Ehe der Eltern.[79] Denn bei einer unheilbar zerrütteten Ehe sei ein ungefährdetes Aufwachsen der Kinder nicht mehr gewährleistet. Für die geistige Entwicklung der Kinder sei es zuträglicher, die Elternteile völlig zu trennen.[80] Schwächen der Erziehung in einer Familie, der durch die Scheidung Vater oder Mutter fehlt, sollten durch die neue Form der gesellschaftlichen Erziehung, der Organisation Junge Pioniere und der Freien Deutschen Jugend, ausgeglichen werden.[81] Weiterhin setzte sich das OG mit den wirtschaftlichen Interessen der minderjährigen Kinder am Erhalt der Ehe auseinander.[82] Die hierzu ergangenen Entscheidungen werden im 2. Kapitel der Arbeit eingehend untersucht.

B. Erster Entwurf eines Familiengesetzbuches der DDR

Nachdem die Verfassung der DDR am 7. 10. 1949 in Kraft getreten war, wurden schon bald erste Anstrengungen unternommen, ein neues Familienrecht zu konzipieren. 1954 veröffentlichte das Ministerium der Justiz einen Entwurf

---

[78] OG NJ 1954, 141 (141); OG NJ 1951, 366 (366); OG NJ 1951, 367 (368); KG Berlin-Ost NJ 1951, 89 (90).

[79] OG NJ 1951, 141 (141).

[80] OG NJ 1951, 367 (368).

[81] OG NJ 1951, 367 (368).

[82] OG NJ 1951, 366 (367); OG 1953, 141, (141); KG Berlin-Ost NJ 1951, 89 (90).

eines Familiengesetzbuches der DDR.[83] Für den Bereich des Scheidungsrechts sah dieser den Wegfall des Verschuldensprinzips und die Ersetzung der sechs Scheidungstatbestände des EheG 46 durch eine einzige Zerrüttungsvorschrift vor.[84]

I. § 29 I des Entwurfs

Der Normtext des § 29 I des Entwurfs sollte lauten: „Eine Ehe kann nur geschieden werden, wenn ernstliche Gründe vorliegen und wenn das Gericht durch eine eingehende Untersuchung festgestellt hat, daß die Ehe ihren Sinn für die Eheleute, für die Kinder und für die Gesellschaft verloren hat.“[85]

§ 29 I des Entwurfs stellte keineswegs, wie bei oberflächlicher Betrachtung vermutet werden könnte, eine Verallgemeinerung der Zerrüttungstatbestände der §§ 55 I EheG 38, 48 I EheG 46 unter Weglassung der Dreijahresfrist dar. Denn diese stellten ausschließlich auf die Ehegattenbeziehung ab und erklärten eine Ehe deshalb bereits dann als zerrüttet, wenn festgestellt werden konnte, daß die eheliche Gesinnung und Zuneigung zwischen den Eheleuten erloschen war.[86] Demgegenüber setzte § 29 I des Entwurfs voraus, daß die Ehe nicht nur für die Ehegatten, sondern auch für die Kinder und die Gesellschaft ihren Sinn verloren haben muß. Bei der Entscheidung über den Fortbestand oder die Auflösung der Ehe sollten daher die Belange aller Familienmitglieder und die der sozialistischen Gesellschaft zu beachten sein, um aus dieser Gesamtsicht heraus festzustellen, ob die Ehe ihren Sinn verloren hat. Die Prüfung der Kindesinteressen an der Aufrechterhaltung der Ehe sollten somit in den Zerrüttungstatbestand des § 29 I des Entwurfs einbezogen und keiner getrennten Vorschrift zugewiesen werden.[87] § 29 I des Entwurfs lag folglich ein völlig anderes Zerrüttungsverständnis zu Grunde als den §§ 55 I EheG 38, 48 I EheG 46. Folgerichtig wendete sich das sozialistische Schrifttum mit aller Entschiedenheit dagegen, daß das in der DDR angestrebte Zerrüttungsprinzip als Fortsetzung des bürgerlichen Zerrüttungsprinzips zu werten sei.[88]

---

[83] Vgl. NJ 1954, 377 ff.

[84] Gesetzentwurf eines ersten Familienrechts NJ 1954, 377 (379).

[85] Gesetzentwurf eines ersten Familienrechts NJ 1954, 377 (379).

[86] Vgl. zu § 55 I EheG 38 Wolf/Lücke/Hax, Scheidung und Scheidungsrecht, S. 84 f.; vgl. zu § 48 I EheG 46 Hoffmann-Stephan § 48 Rnr. 27.

[87] Heiland NJ 1954, 596 (597).

[88] Halgasch StuR 1963, 964 (966).

II. § 29 II des Entwurfs

In § 29 II Nr. 1 des Entwurfs war vorgesehen, daß die Ehegatten bei beiderseitigem Scheidungsbegehren dem Gericht einen gemeinsamen Vorschlag zur Regelung der elterlichen Sorge vorzulegen haben, der das Wohl der Kinder sichert. Nach § 29 II Nr. 2 des Entwurfs sollte bei einem alleinigen Antrag eines Ehegatten die Ehe nicht geschieden werden, wenn einer Ehescheidung das Wohl der Kinder entgegenstand.[89]

C. Verordnung über die Eheschließung und Eheauflösung von 1955

Der erste Entwurf eines Familiengesetzbuches von 1954 erlangte keine Gesetzeskraft. Nachdem jedoch durch den Moskauer Vertrag vom 20.9.1955 das Kontrollratsrecht außer Kraft gesetzt wurde, wurde auf der Grundlage des ersten Entwurfs von 1954 am 24.11.1955 die Verordnung über die Eheschließung und Eheauflösung - EheVO - erlassen.[90] In § 8 I 1 EheVO wurde unter anderem § 29 I des Entwurfs wörtlich übernommen. Damit wurde zum ersten Mal in die deutsche Gesetzgebung eine Zerrüttungsgeneralklausel eingeführt. § 8 I EheVO lautete:

„Eine Ehe kann nur geschieden werden, wenn ernstliche Gründe hierfür vorliegen und wenn das Gericht durch eine eingehende Untersuchung festgestellt hat, daß die Ehe ihren Sinn für die Eheleute, für die Kinder und für die Gesellschaft verloren hat. Dabei hat das Gericht insbesondere zu prüfen, ob die Folgen der Scheidung für den anderen Teil eine unzumutbare Härte bedeuten und ob das Wohl der minderjährigen Kinder einer Scheidung entgegensteht."

I. Verhältnis von § 8 I 1 zu § 8 I 2 EheVO

Das Verhältnis von § 8 I 1 zu § 8 I 2 EheVO war umstritten. Der Methodik des § 48 EheG 46 folgend, stellte die frühe Rechtsprechung zu § 8 I EheVO zunächst gemäß § 8 I 1 EheVO die Sinnlosigkeit der Ehe für die Beteiligten fest und prüfte sodann, ob die Scheidung gemäß § 8 I 2 wegen unzumutbarer Härte

---

[89] Gesetzentwurf eines ersten Familienrechts NJ 1954, 377 (379).

[90] GBl. der DDR Teil I 849.

oder des Kindeswohls dennoch zu verneinen war.[91] In der Lehre stieß dies auf Widerspruch. Es wurde darauf hingewiesen, daß zwischen Satz 1 und 2 des § 8 I EheVO ein untrennbarer Zusammenhang bestehe und § 8 I 2 EheVO deshalb keine erneute Prüfung der Kindesinteressen anordne.[92] Für eine solche Einordnung des § 8 I 2 EheVO spricht entscheidend dessen klarer Wortlaut: „Dabei hat das Gericht insbesondere zu prüfen, ob die Folgen ...“[93] Durch § 8 I 2 EheVO war somit keine erneute Prüfung der Kindesinteressen angeordnet. Er sollte lediglich die besondere Bedeutung der Belange der minderjährigen Kinder im Ehescheidungsverfahren nochmals betonen. Um unter anderem den Streit um die richtige Auslegung des § 8 I EheVO zu beseitigen, erließ das Plenum des Obersten Gerichts am 24.11.1957 die Richtlinie Nr. 9 über die Voraussetzungen der Ehescheidung nach § 8 EheVO.[94] Dort wurde der Auffassung des Schrifttums gefolgt.[95] § 8 I 1 und § 8 I 2 EheVO sollten somit die Belange der Kinder in gleicher Weise berücksichtigen. Somit galt, wenn das Wohl der minderjährigen Kinder einer Ehescheidung entgegenstand, hatte die Ehe für diese ihren Sinn noch nicht verloren.[96]

II. Richtlinie Nr. 9

Die Richtlinie Nr. 9 sollte weiterhin gewährleisten, daß die Instanzgerichte den Sinnverlust der Ehe für die minderjährigen Kinder einheitlich beurteilten.

1. Funktion und Rechtsnatur

Da es Vergleichbares im Recht der Bundesrepublik Deutschland nicht gibt, soll kurz auf die Funktion und Rechtsnatur der Richtlinien eingegangen werden. Die Konkretisierung unbestimmter Rechtsbegriffe erfolgte im Recht der DDR

[91] BG Dresden NJ 1956, 284 (285).

[92] Heinrich NJ 1956, 286 (286) Anm. zu BG Dresden NJ 1956, 284.

[93] Heinrich NJ 1956, 286 (287) Anm. zu BG Dresden NJ 1956, 284; vgl. hierzu auch Heinrich NJ 1956, 264 (265).

[94] Richtlinie Nr. 9 NJ 1957, 441 ff.

[95] Richtlinie Nr. 9 NJ 1957, 441 (444).

[96] Gehring, Das Ehescheidungsrecht in Mitteldeutschland, S. 66.

häufig durch Richtlinien und Leitungsbeschlüsse der Obersten Gerichte.[97] Entsprechend dem in der ehemaligen DDR herrschenden demokratischen Zentralismus ergingen diese mit absolut verbindlicher Wirkung für alle Instanzgerichte. Nach dem marxistisch-leninistischen Organisationsgrundsatz der Gewalteneinheit – der die Auflösung der spezifischen Unterschiede zwischen Legislative, Exekutive und Judikative zum Gegenstand hat[98] – bestand ihre Funktion darin, eine einheitliche Rechtsprechung i. S. der SED sicherzustellen.[99] Folgerichtig heißt es in einer anläßlich des 5. Parteitages der SED ausgearbeiteten Konzeption über die Tätigkeit der Justizorgane in der DDR: „Die Tätigkeit der Justizorgane ist ein Bestandteil der Tätigkeit der einheitlichen Staatsorgane und der Tätigkeit der Machtorgane untergeordnet. Die Aufgaben der Machtorgane sind durch die Tätigkeit der Justizorgane durchzusetzen."[100]

Bis zum 17.4.1963 bildete § 58 des Gesetzes über die Verfassung der Gerichte der DDR vom 2.10.1952 – GVG – die gesetzliche Grundlage zum Erlaß von Richtlinien.[101] Hiernach konnte das OG im Zusammenhang mit einer Entscheidung im Interesse einer einheitlichen Anwendung und Auslegung der Gesetze Richtlinien mit bindender Wirkung für alle Gerichte erlassen. Die Entscheidung bildete aber nur den Anlaß zur Herausgabe einer Richtlinie; ihr Inhalt ging thematisch meist über den Einzelfall hinaus.[102] Ab dem 17.9.1963 konnten durch das OG gemäß § 17 des geänderten GVG völlig unabhängig von einer konkreten Streitentscheidung Richtlinien und Leitungsbeschlüsse erlassen werden.[103] Diese wurden in Teil II des Gesetzblattes der DDR verkündet.[104]

Die Rechtsnatur der Richtlinien und Leitungsbeschlüsse und ihre Stellung zu den von anderen Staatsorganen gesetzten Rechtsnormen war umstritten. Streitig war, ob sie einen Akt der Rechtsanwendung oder der Rechtssetzung darstellten. Ausgehend von der Prämisse, daß der wesentliche Unterschied zwischen Rechtsprechung und Gesetzgebung darin besteht, daß der Richter bei der Rechtsan-

---

[97] Umfassende Übersicht der bis zum 1.3.1970 ergangenen Richtlinien bei Schlüter, Das Obiter dictum, § 8 II, S. 61 f.

[98] Ansorg, Familienrecht der DDR, S. 20.

[99] Müller-Römer ROW 1968, 151 (151); Kellner, in: Wissenschaftliche Zeitschrift der Humboldt-Universität zu Berlin, Gesellschafts- und Sprachwissenschaftliche Reihe 1966, 793 (794).

[100] Konzeption über die Arbeit der Justizorgane in der DDR NJ 1959, 469 (469).

[101] GBl. der DDR Teil II 983.

[102] Müller-Römer ROW 1968, 151 (156).

[103] Bellon, Scheidungsrecht der DDR, S. 39.

[104] Müller-Römer ROW 1968, 151 (156).

wendung an das im Gesetz niedergelegte Ermessen gebunden ist, während der Gesetzgeber das Recht frei nach seinem Willen schafft, stellte der Erlaß von Richtlinien nach Jacobi einen Akt der Rechtsanwendung dar.[105] Das Ermessen ist aber kein geeignetes Kriterium zur Abgrenzung der Rechtssetzung von der Rechtsanwendung. Zum einen ist der Gesetzgeber nicht frei in seinem Ermessen, sondern an die Grundentscheidungen der Verfassung gebunden. Zum anderen beläßt das Gesetz dem Richter – z.B. bei der Strafzumessung – ein eigenes Ermessen.[106] Wegen ihrer über den Einzelfall hinausgehenden abstrakt generellen Wirkung und der Art ihres Zustandekommens – Verkündung im Gesetzblatt – wurden die Richtlinien von dem überwiegenden Teil der Lehre in Ost und West zutreffend als „gemeinverbindliche Normativakte" angesehen, die die von anderen Staatsorganen gesetzten Normen – insbesondere die der Volkskammer – interpretieren und konkretisieren sollten.[107]

2. Richtlinie Nr. 9 Ziffer 3

Mit der Einordnung der Kinderschutzklausel in den Zerrüttungstatbestand des § 8 I EheVO hat sich die Rechtsprechung der DDR entscheidend geändert. Der zu § 48 III EheG 46 entwickelte Grundsatz, daß eine Aufrechterhaltung einer zerrütteten Ehe niemals im Interesse der minderjährigen Kinder liegt,[108] wurde erheblich relativiert.

So lautete Ziffer 3 der Richtlinie Nr. 9:

„Eine Ehe, in der noch minderjährige Kinder vorhanden sind, verliert nicht allein deshalb auch ihren Sinn für die Kinder und die Gesellschaft, weil die Ehegatten sich auseinandergelebt haben oder seit einigen Jahren getrennt leben. Das Wohl der Kinder und die den Eltern obliegende Pflicht, die Kinder zu erziehen, bedürfen des Schutzes des Staates durch die Rechtsprechung. Ist ein Ehegatte bereits eine feste Bindung eingegangen und ist hieraus ebenfalls

---

[105] Jacobi, in: Festschrift für Apelt, S. 203 (210).

[106] Müller-Römer ROW 1968, 151 (156).

[107] Kellner, in: Wissenschaftliche Zeitschrift der Humboldt-Universität zu Berlin, Gesellschafts- und Sprachwissenschaftliche Reihe 1966, 793 794 f. m.w.N.; Müller-Römer ROW 1968, 151 (156); Schlüter, Das Obiter dictum, § 8 I, S. 61; Langer NJ 1957, 624 (625); Bellon, Das Scheidungsrecht der DDR, S. 40.

[108] Vgl. § 4 A.

Nachkommenschaft entstanden, oder sind die Differenzen zwischen den Eltern so groß, daß sie die geistige und moralische Entwicklung der Kinder gefährden, kann die Scheidung der Ehe gerechtfertigt sein, wenn die sonstigen Voraussetzungen des § 8 EheVO gegeben sind."[109]

Zur Begründung dieser von der Rechtsprechung zu § 48 III EheG 46 stark abweichenden Auffassung stellte das OG darauf ab, daß nach Art. 31 Verf. DDR 49 die Erziehung der Kinder zu geistig und körperlich tüchtigen Menschen im Geiste der Demokratie nicht nur das natürliche Recht der Eltern, sondern deren oberste Pflicht gegenüber der Gesellschaft sei. Diese Verpflichtung dürfe den Eltern nicht schon dann abgenommen werden, wenn ihre Ehe für sie selbst nicht mehr harmonisch sei. Denn auch eine solche Ehe könne für die Kinder durchaus noch sinnvoll sein. Wenn minderjährige Kinder vorhanden sind, bedürfe die Entscheidung über den Fortbestand oder die Scheidung einer Ehe einer besonders eingehenden Untersuchung.[110]

Zur Verdeutlichung seines Standpunkts wies das OG auf eine seiner Auffassung nach fehlerhafte Entscheidung des Stadtbezirksgerichts Berlin-Lichtenberg hin. Dies hatte eine neunzehnjährige Ehe, in der noch drei minderjährige Kinder vorhanden waren, geschieden, weil die Ehefrau sich weigerte, die eheliche Gemeinschaft fortzusetzen. Die Ehefrau hatte ihre Weigerung damit begründet, daß sie durch die Arbeitsaufnahme selbständiger geworden sei und sich weder um ihren Mann noch um die Kinder kümmern könne. Außerdem gingen ihre beruflichen und musikalischen Interessen denen der Familie vor.[111] Nach der Auffassung des OG hätte diese Ehe nicht geschieden werden dürfen. Vielmehr hätte das erkennende Gericht die Mutter der drei Kinder eindringlich über ihre gesellschaftlichen und moralischen Pflichten belehren und von ihr verlangen müssen, daß sie die Interessen der Kinder über ihre eigenen stellt. Nur so erfülle sie ihre Pflicht gegenüber ihren Kindern und gegenüber der Gesellschaft entsprechend den Anschauungen der Werktätigen.[112]

Die gemeinsame politische Erziehung der Kinder „im Geiste der Demokratie" war somit der Hauptgrund, warum die Ehe in der EheVO von 1955 wegen des

---

[109] Begründung zur Richtlinie Nr. 9 NJ 1957, 441 (444).

[110] Begründung zur Richtlinie Nr. 9 NJ 1957, 441 (443).

[111] Stadtbezirksgericht Berlin-Lichtenberg – zitiert in der Begründung zur Richtlinie 9 NJ 1957, 441 (443).

[112] Begründung zur Richtlinie Nr. 9 NJ 1957, 441 (443); vgl. hierzu auch Gehring, Das Recht in Mitteldeutschland, S. 80 f.

Kindeswohls aufrechterhalten werden sollte.[113] Aber auch andere Erwägungen waren für die Aufrechterhaltung der Ehe im Interesse der Kinder von Bedeutung. So verweigerte das BG Dresden dem Ehemann die Scheidung, da die beklagte Ehefrau mit der Erziehung der fünf Kinder überfordert wäre.[114] Auch das OG pflichtete in seiner Begründung zur Richtlinie Nr. 9 dem Kreisgericht Zschopau bei, das eine Ehe nicht geschieden hatte, da die gesundheitlich angeschlagene Ehefrau zu der alleinigen Erziehung der drei Kinder nicht in der Lage war.[115] Die geringe Anzahl der veröffentlichten Urteile zu § 8 I 2 EheVO läßt jedoch die Vermutung zu, daß eine Berücksichtigung der Interessen der minderjährigen Kinder nach der EheVO von 1955 eher die Ausnahme war.

D. Familiengesetzbuch von 1966

Am 1.4.1966 trat das Familiengesetzbuch der DDR – FGB – in Kraft.[116] Im Scheidungsverfahren wurde den Belangen der minderjährigen Kinder an der Aufrechterhaltung der Ehe an zwei Stellen Rechnung getragen, nämlich in § 24 I FGB und § 24 II FGB. Diese lauteten:

„I. Eine Ehe darf nur geschieden werden, wenn das Gericht festgestellt hat, daß solche ernstlichen Gründe vorliegen, aus denen sich ergibt, daß diese Ehe ihren Sinn für die Ehegatten, die Kinder und damit auch für die Gesellschaft verloren hat.
II. Wird von einem Ehegatten die Scheidung beantragt, ist vom Gericht eine sorgfältige Prüfung der Entwicklung der Ehe vorzunehmen. Dabei ist besonders zu prüfen, ob die Interessen minderjähriger Kinder der Scheidung entgegenstehen und ob die Scheidung für einen Ehegatten eine unzumutbare Härte darstellen würde.“

Übereinstimmend mit § 8 I 1 EheVO sollten nach § 24 I FGB bei der Entscheidung über den Fortbestand der Ehe sowohl die Belange der Eltern als auch die der minderjährigen Kinder berücksichtigt werden.[117] § 24 I FGB stellte

[113] Auf die Kindeserziehung und die Erziehungsziele in der ehemaligen DDR wird in § 8 B I 1 ausführlich eingegangen.

[114] BG Dresden NJ 1956, 543 (543); ebenso später OG NJ 1957, 482 (483).

[115] Begründung zur Richtlinie Nr. 9 NJ 1957, 441 (443).

[116] GBl. der DDR Teil I 1.

[117] Autorenkollektiv, Familienrecht, S. 277; Mühlmann NJ 1972, 636 (637); Kommentar zum Familienrecht der DDR § 24 Anm. 1.3.

insoweit eine konsequente Fortführung des § 8 I 1 EheVO dar.[118] Ebenso wie § 8 I 2 EheVO ordnete auch § 24 II FGB keine erneute Prüfung der Kindesinteressen an der Aufrechterhaltung der Ehe an.[119] Ihre doppelte Erwähnung sollte auch bei § 24 FGB nur deren besondere Schutzbedürftigkeit zum Ausdruck bringen.[120] Entscheidend kam es darauf an, den Sinnverlust der Ehe für die Kinder festzustellen.

Zu Beginn der siebziger Jahre beschäftigten sich die Gerichte in der DDR erstmals vermehrt mit den Interessen der minderjährigen Kinder an der Aufrechterhaltung der Ehe.[121] Ausschlaggebend hierfür war der Anstieg der Scheidungszahlen. So stieg die Zahl der geschiedenen Ehen mit minderjährigen Kinder von 13230 im Jahre 1958 auf 21691 im Jahre 1971.[122] In diesem Zeitraum verdoppelte sich somit fast die Zahl der Scheidungen, bei denen minderjährige Kinder betroffen waren.[123] Das OG befaßte sich daher am 13.12.1972 auf der 5. und am 13.12.1979 auf der 14. Plenartagung ausführlich mit der Frage, wie und welche Interessen der minderjährigen Kinder im Scheidungsverfahren gewahrt werden sollen.[124] Dies zeigt, daß in den siebziger Jahren die Berücksichtigung der Interessen der minderjährigen Kinder an der Aufrechterhaltung der Ehe ein zentrales Problem des Scheidungsrechts der DDR war.[125]

---

[118] Vgl. § 4 C I.

[119] Mühlmann NJ 1972, 636 (637); Bellon, Scheidungsrecht der DDR, S. 53.

[120] Autorenkollektiv, Familienrecht, S. 298.

[121] OG NJ 1971, 211; OG NJ 1972, 652; BG Leipzig 1972, 655; KrG Borna 1972, 124; BG Leipzig 1973, 60; BG Neubrandenburg NJ 1973, 367;BG Leipzig NJ 1974, 344; BG Leipzig 1974, 660; BG Cottbus 1975, 95; BG Dresden NJ 1976, 185.

[122] Materialien der 5. Plenartagung des OG NJ 1973, 37 (37).

[123] Mertens CIVIS 1988, 69 (72).

[124] Materialien der 5. Plenartagung des OG NJ 1973, 37 ff.; Strasberg NJ 1980, 52 ff.

[125] Die zu § 24 II 2 FGB ergangene Rechtsprechung wird im 2. Kapitel der Arbeit ausführlich behandelt.

2. Kapitel

Kinderschutzklauseln im Recht der Bundesrepublik Deutschland und der DDR

§ 5 Gesetzessystematische Einordnung

A. Gesetzessystematische Einordnung des § 1568 1. Fall BGB

Seit dem 1. EheG vom 14.6.1976 sind die Voraussetzungen, unter denen eine Ehe geschieden werden kann, in den §§ 1565 bis 1568 BGB abschließend geregelt.[1] Obwohl ihre amtliche Überschrift „Scheidungsgründe" lautet, gibt es seitdem nur noch einen Scheidungsgrund, nämlich die unheilbare Zerrüttung der Ehe, im Gesetz „Scheitern" genannt. Dieser setzt sich aus den vier Nachweistatbeständen der §§ 1565, 1566 BGB zusammen.

Die Kinderschutzklausel des § 1568 1. Fall BGB ist eine von der Ehegattenklausel des § 1568 2. Fall BGB unabhängige Einwendung gegen die Scheidung einer gescheiterten Ehe.[2] Durch sie soll die soziale Funktion der gescheiterten Ehe für die Kinder aufrechterhalten werden.[3]

I. Anwendbarkeit des § 1568 1. Fall BGB auf die einverständliche Scheidung

Fraglich ist, ob § 1568 1. Fall BGB auch dann zur Anwendung kommt, wenn die Ehegatten gemeinsam nach § 1566 I BGB die Scheidung begehren. § 1566 I BGB steht mit 64,4 % – Tendenz steigend – zahlenmäßig an der Spitze der

[1] Vgl. zu den Neuerungen des 1. EheG Schlüter/Liedmeier JA 1991, 146 ff. und 177 ff.; Kollhosser/Schweizer JA 1986, 169 ff.; Dörr NJW 1989, 488 ff.; Schwab FamRZ 1976 491 ff.

[2] BGB/RGRK-Graßhof § 1568 Rnr. 4; Erman-Dieckmann § 1568 Rnr. 3; Staudinger-Rauscher § 1568 Rnr. 40.

[3] Gernhuber/Coester-Waltjen, Familienrecht, § 27 I. 2, S. 310; MünchKomm-Wolf, 3. Auflage, § 1565 Rnr. 21; BGB/RGRK-Graßhof § 1568 Rnr. 9.

Nachweistatbestände.[4] Die Beantwortung dieser Frage ist daher für den möglichen Anwendungsbereich des § 1568 1. Fall BGB von großer praktischer Bedeutung und deshalb zu klären.

Nach ganz überwiegender Auffassung ist § 1568 1. Fall BGB von Amts wegen zu berücksichtigen und stellt deshalb zwangsläufig auch eine Einwendung gegen die einverständliche Scheidung gemäß § 1566 I BGB dar.[5]

Dies wird jedoch von Kniebes bezweifelt. Nach seiner Auffassung gilt nämlich die Parteimaxime des § 616 III ZPO, wonach das Gericht außergewöhnliche Umstände nach § 1568 BGB nur berücksichtigen darf, wenn sie von dem Ehegatten, der die Scheidung ablehnt, vorgebracht werden, auch für § 1568 1. Fall BGB.[6] Auf der Grundlage seiner Auffassung ist § 1568 1. Fall BGB nicht von Amts wegen zu berücksichtigen und scheidet daher bei einer einverständlichen Scheidung gemäß § 1566 I BGB aus.

Kniebes beruft sich zur Begründung seiner Auffassung auf die Entstehungsgeschichte des § 616 III ZPO. Er weist darauf hin, daß der Vorschlag des Bundesrates, § 616 III ZPO dahingehend zu ergänzen, daß die Interessen der minderjährigen Kinder an der Aufrechterhaltung der zerrütteten Ehe von Amts wegen zu berücksichtigen sind,[7] im Vermittlungsausschuß nicht umgesetzt wurde und demnach nicht gewollt war.

Einer solchen historischen Interpretation des § 616 III ZPO steht aber entscheidend entgegen, daß die Vertreter des Bundesrates und der Bundesregierung sich auf einen Wortlaut des § 1568 2. Fall BGB einigten, aus dessen terminologischer Übereinstimmung mit § 616 III ZPO – „außergewöhnliche Umstände" – eindeutig hervorgeht, daß § 616 III ZPO nur für die Ehegattenklausel des § 1568 2. Fall BGB gelten soll.[8] Die vom Bundesrat gewünschte

---

[4] MünchKomm-Wolf, 3. Auflage, Vorbemerkung zu § 1564 Rnr. 32.

[5] Schwab FamRZ 1976, 491 (506); Gernhuber/Coester-Waltjen, Familienrecht, § 27 V 2, S. 326; MünchKomm-Wolf, 3. Auflage, § 1568 Rnr. 18; Staudinger-Rauscher § 1568 Rnr. 40; Erman-Dieckmann § 1568 Rnr. 3; Johansen/Henrich-Jäger § 1568 Rnr. 11; BGB/RGRK-Graßhof § 1568 Rnr. 4; Rolland, Kommentar zum Ersten Eherechtsreformgesetz, § 1568 Rnr. 40; Soergel-Heintzmann § 1568 Rnr. 6; AK/BGB-Lange-Klein § 1568 Rnr. 6; Schlüter, Familienrecht § 16 IV. 1, S. 117 f.; Zöllner-Philippi § 616 Rnr. 6; Böhmer JR 1977, 45 (47); jetzt auch Palandt-Diederichsen Rnr. 1, der bis zur 53. Auflage die Auffassung vertreten hatte, daß bei einer einverständlichen Scheidung nach § 1566 I BGB der § 1568 1. Fall BGB nicht anwendbar sei.

[6] Kniebes, DRiZ 1976, 325 (327).

[7] BT-Drs. 7/650, S. 261.

[8] Schwab FamRZ 1976, 491 (506); Schlüter, Familienrecht, § 16 IV. 1, S. 117 f.

Ergänzung des § 616 III ZPO unterblieb somit lediglich deshalb, weil sie durch die Wortlautänderung des § 1568 2. Fall BGB obsolet geworden war.[9]

Die Parteimaxime des § 616 III ZPO bezieht sich daher nach dessen Wortlaut und Entstehungsgeschichte nicht auf § 1568 1. Fall BGB. Dieser ist vielmehr gemäß § 616 II ZPO von Amts wegen zu berücksichtigen und stellt deshalb eine Einwendung gegen die einverständliche Scheidung nach § 1566 I BGB dar.

Würden die Interessen der minderjährigen Kinder nicht von Amts wegen berücksichtigt, bestünde im übrigen die Gefahr, daß diese im ehelichen Konflikt untergehen bzw. im Bestreben nach einer raschen Scheidung gar nicht erst zur Sprache kämen. Eine solche Dispositionsmöglichkeit über die Belange der Kinder würde aber Sinn und Zweck einer Kinderschutzklausel widersprechen. Die Gerichte sind mithin verpflichtet, aus eigenem Antrieb zu prüfen, ob ein Tatbestand der Kinderschutzklausel vorliegt. Folglich sind Vereinbarungen der Ehegatten, besondere Gründe zur Anwendung der Kinderschutzklausel nicht vorzubringen, für das Gericht nicht bindend.[10]

II. Ergebnis zu A

§ 1568 1. Fall ist eine Einwendung gegen jeden der vier Nachweistatbestände der §§ 1565, 1566 BGB. Eine hiervon zu trennende Frage ist, ob es tatsächlich Fälle gibt, in denen es im Interesse der minderjährigen Kinder liegt, die Ehe nicht zu scheiden, obwohl beide Eltern einverständlich die Scheidung begehren. Hierauf wird bei der Fallgruppenbildung zu § 1568 1. Fall BGB eingegangen.

B. Gesetzessystematische Einordnung der §§ 8 I 2 EheVO, 24 II 2 FGB

Den §§ 8 I 2 EheVO, 24 II 2 FGB lag eine völlig andere Konzeption zugrunde als § 1568 1. Fall BGB. Wie bereits in der geschichtlichen Entwicklung dieser Vorschriften ausführlich dargelegt, war die Frage, ob die Interessen der minderjährigen Kinder einer Ehescheidung entgegenstanden, zugleich Tatbestandsvoraussetzung der Zerrüttung bzw. des Sinnverlustes der Ehe gemäß §§ 8 I 1

---

[9] Rolland, Kommentar zum Ersten Eherechtsreformgesetz, § 1568 Rnr. 40.

[10] MünchKomm-Wolf § 1568 Rnr. 18; Bastian/Roth-Stielow/Schmeiduch § 1568 Rnr. 29.

EheVO, 24 I FGB.[11] Die Kinderschutzklauseln in der DDR waren somit keiner gesonderten Vorschrift zugewiesen, sondern Teil eines Zerrüttungsgesamttatbestandes, bei dem die Belange aller Familienmitglieder beachtet werden mußten.[12]

C. Ergebnis zu § 5

Während § 1568 1. Fall BGB der Methodik des § 48 III EheG 46 folgend als Einwendung gegen die gescheiterte Ehe konzipiert wurde, waren die §§ 8 I 2 EheVO, 24 II 2 FGB dagegen Teil eines Zerrüttungsgesamttatbestandes, bei dem die Belange aller Familienmitglieder beachtet werden mußten. Den Kinderschutzklauseln lag somit eine völlig verschiedene gesetzessystematische Konzeption zu Grunde.

§ 6 Methodische Vorüberlegungen zur Fallgruppenbildung

Die Tatbestandsmerkmale des § 1568 1. Fall BGB – „aus besonderen Gründen", „ausnahmsweise", „notwendig" – sind, wie jede Generalklausel, einer allgemeinen begrifflichen Definition nicht zugänglich.[13] Generalklauseln stellen „ein Stück offen gelassener Gesetzgebung" dar.[14] Sie bedeuten daher die Delegierung von Normbildungsaufgaben an die Rechtsprechung.[15] Die normausfüllende Tätigkeit der Rechtsprechung führt dann zur Entwicklung eines richterlichen Fallrechts. Dieses ist zwar keine Rechtsquelle,[16] ihm kommt aber in der Rechtswirklichkeit entscheidende Bedeutung zu.[17]

---

[11] Vgl. § 4 C I; § 4 D.

[12] Vgl. § 4 B I; Rohde NJ 1970, 319 (320), OG NJ 1981, 328 (328); BG Leipzig NJ 1973, 344 (344).

[13] Die sprachliche Fassung des § 1568 1. Fall BGB wird zum Teil in der Lehre stark kritisiert. Nach Schwab FamRZ 1976, 491 (507) sind die Tatbestandsmerkmale „aus besonderen Gründen", „ausnahmsweise" überflüssig und sinnstörend. Palandt-Diederichsen, 53. Auflage, § 1568 Rnr. 1 bezeichnete § 1568 1. Fall BGB als sprachlich verdorben.

[14] Hedemann, Die Flucht in die Generalklauseln, S. 58.

[15] Bartholomeyczik, Die Kunst der Gesetzesauslegung, S. 69.

[16] Scholz DB 1972, 1775 ff. m. w. N.

[17] Obrock, Fortsetzung der Ehe als unzumutbare Härte, S. 70.

Zu der Kinderschutzklausel des § 1568 1. Fall BGB hat sich ein solches richterliches Fallrecht bis heute noch nicht entwickelt. Obwohl die Familienrichter von Amts wegen verpflichtet sind, § 1568 1. Fall BGB bei jeder Scheidung, durch die minderjährige Kinder betroffen sind, zu beachten,[18] liegen derzeit erst fünf veröffentlichte Entscheidungen verschiedener OLG hierzu vor.[19] Nur in einer von diesen wurde der Scheidungsantrag aus seelischen Gründen im Interesse der minderjährigen Kinder zurückgewiesen.[20]

Wegen der geringen Anzahl der zu § 1568 1. Fall BGB ergangenen Entscheidungen, wird bei der folgenden Fallgruppenbildung unter anderem auf die von der Rechtsprechung zu den Kinderschutzklauseln der §§ 55 II 2 EheG 38 und 48 III EheG 46 gebildeten Fallgruppen zurückgegriffen, zu ihnen Stellung genommen und geprüft, inwieweit diese noch auf § 1568 1. Fall BGB anwendbar sind.

Anschließend wird die Berücksichtigung der Kindesinteressen bei der Ehescheidung im Recht der ehemaligen DDR untersucht und, soweit dies möglich ist, mit der Kinderschutzklausel des § 1568 1. Fall BGB verglichen.

§ 7 Berücksichtigung der materiellen Interessen der minderjährigen Kinder bei der Ehescheidung

A. Materielle Fallgruppen zu § 1568 1. Fall BGB

Wie sich die wirtschaftlichen Verhältnisse der minderjährigen Kinder nach einer Ehescheidung gestalten würden, spielte in der bisherigen Rechtspraxis zu § 1568 1. Fall BGB keine Rolle. In den veröffentlichten Entscheidungen zu § 1568 1. Fall BGB werden mögliche materielle Interessen der minderjährigen Kinder vielmehr vollständig außer acht gelassen. Dies gibt Anlaß zu der Frage, ob § 1568 1. Fall BGB überhaupt zum Schutze der Kinder vor wirtschaftlichen Härten anwendbar ist. Ausdrücklich wird dies – allerdings ohne weitere Begründung – lediglich von Kniebes verneint.[21]

---

[18] Vgl. § 5 A II.

[19] OLG Schleswig FamRZ 1978, 802; OLG Celle FamRZ 1978, 508; OLG Köln FamRZ 1981, 959; OLG Zweibrücken FamRZ 1982, 293; OLG Hamburg FamRZ 1986, 469.

[20] OLG Hamburg FamRZ 1986, 469.

[21] Kniebes DRiZ 1976, 325 (327).

Der Wortlaut des § 1568 1. Fall BGB ist hinsichtlich dieser Frage indifferent. Ein „besonderer Grund", der die Aufrechterhaltung der Ehe „ausnahmsweise notwendig" macht, kann sowohl materieller als auch immaterieller Natur sein. Zweifel an der Anwendbarkeit des § 1568 1. Fall BGB auf materielle Härten könnten sich aber aus dessen Entstehungsgeschichte ergeben. Der Bundesrat hat für die Kinderschutzklausel – im Gegensatz zur Ehegattenklausel des § 1568 1. Fall BGB – die Berücksichtigung materieller Interessen nicht ausdrücklich erwähnt.[22] Dies läßt jedoch nicht den Schluß zu, daß diese nach seiner Auffassung unberücksichtigt bleiben sollten. Denn der Bundesrat betonte, daß eine Abgrenzung zwischen materiellen und immateriellen Härten auf große Schwierigkeiten stoßen würde, weil eine Verschlechterung der Lage der Betroffenen häufig zugleich auf wirtschaftliche und ideelle Umstände zurückzuführen sei.[23] Für ihn war es daher selbstverständlich, daß eine Kinderschutzklausel – sofern eine solche in das 1. EheRG aufgenommen wird – auch materielle Belange der Kinder berücksichtigen sollte.[24] Die Entstehungsgeschichte spricht somit nicht gegen, sondern entscheidend für die Anwendbarkeit des § 1568 1. Fall BGB zum Schutze der Kinder vor materiellen Härten. Eine Anwendung des § 1568 1. Fall auf wirtschaftliche Härten ist daher nicht prinzipiell ausgeschlossen.[25]

I. Fallgruppe 1: Unterhaltsgefährdung durch Wiederverheiratung

1. Rechtsprechung zu §§ 55 II 2 EheG 38, 48 III EheG 46

Das RG und später auch der BGH versagten die Ehescheidung auf Grund des § 55 II 2 EheG 38 und der Kinderschutzklausel des § 48 III EheG 46, wenn die Gefahr bestand, daß eine durch die Scheidung ermöglichte neue Ehe auf Kosten der Kinder aus erster Ehe geschlossen würde.[26] Eine solche Gefahr wurde ins-

---

[22] BT-Drs. 7/4694, S. 9.

[23] BT-Drs. 7/4694, S. 9.

[24] Vgl. auch MünchKomm-Wolf, 1. Auflage, § 1568 Rnr. 47 FN 74.

[25] Ebenfalls gegen eine prinzipielle Beschränkung des § 1568 1. Fall BGB auf immaterielle Härten: MünchKomm-Wolf, 3. Auflage, § 1568 Rnr. 30; Soergel-Heintzmann § 1568 Rnr. 15; Schwab, in: Handbuch des Scheidungsrechts, Teil II. E. IV. 4. Rnr. 99; Gernhuber/Coester-Waltjen, Familienrecht § 27 V. 3, S. 326; Rolland, Kommentar zum Ersten Eherechtsreformgesetz, § 1568 Rnr. 33; Erman-Dieckmann § 1568 Rnr. 9; Staudinger-Rauscher § 1568 Rnr. 62; Johansen/Henrich-Jäger § 1568 Rnr. 16.

[26] RGZ 160, 41 (44); 162, 124 (127); BGH FamRZ BGH 1957, 249 (251); BGH FamRZ 1969, 26 (28); BayObLG SJZ 1949, 627 (629); OLG Oldenburg NJW 1947/48, 103 (104).

besondere dann angenommen, wenn der Kläger in beschränkten wirtschaftlichen Verhältnissen lebte und daher nach einer Wiederverheiratung mit einer Gefährdung der Unterhaltsansprüche der minderjährigen Kinder aus erster Ehe gerechnet werden mußte.[27]

Teilweise gingen die Gerichte sogar darüber noch hinaus und versagten die Scheidung bereits dann, wenn der zum Unterhalt verpflichtete Kläger zwar noch keine neue Ehe beabsichtigte, die Möglichkeit einer Wiederverheiratung jedoch nicht ausgeschlossen werden konnte, „da der Kläger noch im besten Alter stehe".[28]

Unter dieser Voraussetzung hätten aber alle Scheidungsklagen bei Vorhandensein minderjähriger Kinder abgewiesen werden können, denn Eltern mit minderjährigen Kindern sind in der Regel in einem Alter, in dem zumindest theoretisch die Möglichkeit der Wiederverheiratung besteht.[29] Der BGH hat daher für den Einsatz des § 48 III EheG 46 konkrete Anhaltspunkte für eine Unterhaltsgefährdung gefordert. Die abstrakte oder ganz fern liegende Möglichkeit einer Wiederverheiratung des unterhaltspflichtigen Elternteils sollte alleine nicht mehr ausreichen, um ihm im Interesse der Kinder die Scheidung zu versagen.[30] Bestand dagegen der begründete Verdacht, daß der Unterhaltspflichtige eine neue Ehe eingehen und dadurch den Unterhalt der Kinder aus erster Ehe gefährden könnte, wurde die Ehe im Interesse der Kinder nicht geschieden.[31]

Die Rechtsprechung zu § 48 III EheG 46 findet teilweise heute noch in der Lehre zu § 1568 1. Fall BGB Zustimmung. Hiernach soll die Ehe gemäß § 1568 1. Fall BGB nicht geschieden werden, wenn eine Wiederverheiratung des Antragstellers seine Leistungsfähigkeit gefährden oder wesentlich mindern würde und dadurch der Unterhalt für eine angemessene Lebensführung und Ausbildung der minderjährigen Kinder nicht mehr garantiert wäre.[32]

---

[27] RGZ 160, 41 (44); 162, 124 (127); OLG Nürnberg HEZ 3, 32 (33).

[28] OLG Hamm Urteil vom 29.10.1947 zitiert bei Brinkmann, NJW 1947/48, 575 (577).

[29] Graehl, Die geschichtliche Entwicklung des § 48 Ehegesetz, S. 110.

[30] BGH FamRZ 1957, 249 (251).

[31] BGH FamRZ 1969, 26 (28); OLG München FamRZ 1968, 162 (165).

[32] Schwab, in: Handbuch des Scheidungsrechts, Teil II. E. IV. 4. Rnr. 99; Schwab FamRZ 1976, 491 (507); Ambrock, Ehe und Ehescheidung, § 1568 I. 6.; Soergel-Heintzmann § 1568 Rnr. 15; Bastian/Roth-Stielow/Schmeiduch § 1568 Rnr. 17; a.A. MünchKomm-Wolf, 3. Auflage, § 1568 Rnr. 30; Staudinger-Rauscher § 1568 Rnr. 64; BGB/RGRK-Graßhof § 1568 Rnr. 30; Rolland, Kommentar zum Ersten Eherechtsreformgesetz, § 1568 Rnr. 38; Johansen/Henrich-Jäger § 1568 Rnr. 16.

2. Anwendbarkeit des § 1568 1. Fall BGB auf Fallgruppe 1

Grundlegende Voraussetzung für die Anwendung des § 1568 1. Fall BGB auf Fallgruppe 1 ist, daß die Wiederverheiratung zu einer Unterhaltsgefährdung der minderjährigen Kinder führt. Eine solche ist nur dann möglich, wenn der neue Ehegatte den minderjährigen Kindern auch in Mangelfällen im Unterhaltsrang zumindest gleich steht. Das Rangverhältnis zwischen den minderjährigen Kindern und dem neuen Ehegatten ist daher zu klären.

a) Rangverhältnis zwischen minderjährigen Kindern und neuem Ehegatten

Die Reihenfolge der Bedürftigen, wenn die Leistungsfähigkeit des Verpflichteten nicht zur Befriedigung aller Unterhaltsansprüche ausreicht, ist in § 1609 BGB geregelt. Nach dem Wortlaut des § 1609 II 1 BGB besteht zwischen dem Unterhaltsanspruch des neuen Ehegatten und dem der minderjährigen unverheirateten Kinder Ranggleichheit.

aa) Auffassung des BGH

Nach der Auffassung des BGH und dem überwiegenden Teil der Lehre ist § 1609 II 1 BGB entgegen seinem Wortlaut dahingehend „einschränkend auszulegen", daß in Mangelfällen unter dem Tatbestandsmerkmal Ehegatte nur der geschiedene Ehegatte zu verstehen ist.[33] Die unverheirateten minderjährigen Kinder aus erster Ehe gehen hiernach in Mangelfällen dem neuen Ehegatten im Range vor. Ihr Unterhaltsanspruch wird daher nicht durch eine Wiederverheiratung des unterhaltspflichtigen Elternteils gefährdet. Auf der Grundlage dieser Ansicht scheidet eine Anwendung des § 1568 1. Fall BGB auf Fallgruppe 1 von vornherein aus.

---

[33] BGHZ 104, 158 (165); der Auffassung des BGH ausdrücklich zustimmend: Wendl-Gutdeutsch, Unterhaltsrecht, § 5 Rnr. 52; MünchKomm-Richter, 3. Auflage, § 1582 Rnr. 25; Erman-Holzhauer § 1609 Rnr. 5; Hoppenz, Familiensachen, § 1609 Rnr. 6. Ebenfalls für eine vorrangige Befriedigung der minderjährigen Kinder vor dem neuen Ehegatten: Soergel-Häberle § 1582 Rnr. 13; BGB/RGRK-Mutschler § 1609 Rnr. 8; Dieckmann FamRZ 1977, 161 (163); MünchKomm-Köhler, 3. Auflage, § 1609 Rnr. 9; AK/BGB-Derleder § 1582 Rnr. 5; Staudinger-Kappe § 1609 Rnr. 29; Palandt-Diederichsen, 55. Auflage, § 1609 Rnr. 3; Johansen/Heinrich-Voelskow § 1582 Rnr. 14.

bb) Gegenteilige Auffassung in der Lehre

Ein anderer Teil der Lehre lehnt dagegen eine „einschränkende Auslegung" des § 1609 II 1 BGB ab. Auch in Mangelfällen soll zwischen dem neuen Ehegatten und den unverheirateten minderjährigen Kindern aus erster Ehe Ranggleichheit bestehen.[34] Der Unterhaltsanspruch der unverheirateten minderjährigen Kinder könnte hiernach durch eine Wiederverheiratung des unterhaltspflichtigen Elternteils gefährdet werden. Nach dieser Auffassung ist eine Anwendung des § 1568 1. Fall BGB auf die Fallgruppe 1 zumindest nicht von vornherein ausgeschlossen.

cc) Teleologische Reduktion des § 1609 II 1 BGB

Die Auslegung des § 1609 II 1 BGB ist somit für den möglichen Anwendungsbereich der Kinderschutzklausel des § 1568 1. Fall BGB entscheidend. Zunächst ist festzustellen, daß die vom BGH vorgenommene „einschränkende Auslegung" methodisch eine teleologische Reduktion darstellt. Der BGH benutzt Umschreibungen wie einengende oder einschränkende Auslegung häufig, um so eine größere Gesetzestreue zu dokumentieren.[35] Damit eine teleologische Reduktion zulässig ist, müssen zwei Voraussetzungen erfüllt sein.

Negative Voraussetzung ist zunächst, daß der in Rede stehende Fall unter den Wortlaut der Vorschrift subsumiert werden kann.[36] Unter Ehegatte i.S. des § 1609 II 1 BGB ist sprachlogisch eindeutig auch der neue Ehegatte zu verstehen.[37] Die negative Voraussetzung für eine teleologische Reduktion ist erfüllt.

Zweite Voraussetzung der teleologischen Reduktion ist, daß der betreffende Fall nicht vom Normzweck der Vorschrift erfaßt wird.[38] Zur Ermittlung des

---

[34] Gegen die einschränkende Auslegung wenden sich: Schlüter, Familienrecht, § 17 IV. 2, S. 137; Der Rechtsausschuß des Bundestages BT-Drs. 7/4361, S. 33 f.; Schmidt, Der Rang des Geschiedenenunterhalts, S. 205 f.; Kniebes DRiZ 1976, 325 (330); Hampel FamRZ 1982, 656 (659); wohl auch Rolland, Kommentar zum Ersten Eherechtsreformgesetz, § 1582 Rnr. 10 ff.

[35] Vgl. zur Kritik diesbezüglich Larenz, Methodenlehre der Rechtswissenschaft, S. 391.

[36] Larenz, Methodenlehre der Rechtswissenschaft, S. 392.

[37] BGHZ 104, 158 (162); BT-Drs. 7/4361, S. 33.

[38] Larenz, Methodenlehre der Rechtswissenschaft, S. 392.

Normzwecks ist es zulässig, auf die Entstehungsgeschichte der Vorschrift zurückzugreifen.[39] Der hieran maßgeblich beteiligte Rechtsausschuß des Bundestages hat in einem Rechenbeispiel zu § 1609 II 1 BGB klar zum Ausdruck gebracht, daß er unter dem Tatbestandsmerkmal Ehegatte i.S. des § 1609 II 1 BGB auch den neuen Ehegatten verstanden wissen wollte.[40] Die Entstehungsgeschichte steht somit einer „einschränkenden Auslegung" des § 1609 II 1 BGB entgegen.

Nach heutiger herrschender Auffassung ist aber der subjektive Wille des Gesetzgebers nicht allein entscheidend.[41] Jedoch darf andererseits ein bekannter subjektiver Wille der an der Gesetzgebung maßgeblich Beteiligten keinesfalls vollständig außer acht gelassen werden. Den danach erforderlichen Kompromiß formuliert das BVerfG wie folgt: „Maßgebend für die Interpretation eines Gesetzes ist der in ihm zum Ausdruck kommende objektivierte Wille des Gesetzgebers."[42]

Nach § 1603 II BGB sind die Eltern den minderjährigen unverheirateten Kindern erweitert unterhaltspflichtig. Die Unterhaltspflicht ist insofern erweitert, als sie nicht vor der Gewährung des eigenen angemessenen Unterhalts Halt macht, sondern die Heranziehung aller verfügbaren Mittel gebietet. Die Eltern müssen sich daher auf das zu ihrer Existenz unbedingt Erforderliche einschränken, also mit ihren minderjährigen Kinder gewissermaßen „das letzte Hemd" teilen.[43] Dadurch kommt unzweifelhaft zum Ausdruck, daß das Gesetz sie zu den in besonderem Maße schutzbedürftigen und schutzwürdigen Unterhaltsberechtigten zählt. § 1609 II 1 BGB will ihnen daher stets die erste Rangstufe – wenn auch neben, aber niemals nach einem Ehegatten – einräumen.[44]

Das vom Rechtsausschuß aufgestellte Rechenbeispiel wird dem aber nicht gerecht. Hiernach wird der Unterhalt der Beteiligten in zwei Stufen ermittelt. Zunächst wird festgestellt, welcher Anteil unter Berücksichtigung aller Ansprü-

---

[39] Larenz, Methodenlehre der Rechtswissenschaft, S. 329.

[40] Vgl. Rechenbeispiel des Rechtsausschusses des Bundestages BT-Drs. 7/4361, S. 34, FN 45.

[41] Larenz, Methodenlehre der Rechtswissenschaft, S. 316 ff.; Bydlinski, Methodenlehre und Rechtsbegriffe, S. 429 ff. m.w.N.; Schmalz, Methodenlehre, Rnr. 248.

[42] BVerfGE 79, 106 (121); BVerfGE 20, 283 (293).

[43] Johansen/Henrich-Graba § 1603 Rnr. 19.

[44] Borth, in: Handbuch des Scheidungsrechts, Teil IV. G. III. 3. b) Rnr. 1112; BGHZ 104, 158 (165); Wendl-Gutdeutsch, Unterhaltsrecht, § 5 Rnr. 52.

che (§ 1609 II BGB) auf die Kinder entfällt. In einer zweiten Stufe wird ermittelt, wie der für beide Ehegatten verbleibende Betrag unter diesen unter Beachtung des Vorranges des geschiedenen Ehegatten (§ 1582 I BGB) zu verteilen ist. Diese Art der Unterhaltsberechnung führt dazu, daß der Anspruch des geschiedenen Ehegatten im Gegensatz zu dem der – gleichrangigen – unverheirateten minderjährigen Kinder nicht anteilig gekürzt wird.[45]

Eine solche, dem § 1609 II 1 BGB widersprechende Benachteiligung findet dagegen nicht statt, wenn dieser dahingehend reduziert wird, daß in Mangelfällen der angeordnete Gleichrang nur für den nach § 1582 I BGB privilegierten geschiedenen Ehegatten gilt. Die vom BGH vorgenommene teleologische Reduktion des § 1609 II 1 BGB ist deshalb gerechtfertigt. Die unverheirateten minderjährigen Kinder gehen im Mangelfall dem neuen Ehegatten im Unterhaltsrang vor.

b) Ergebnis zu I

Der Fall, daß eine Wiederverheiratung des unterhaltspflichtigen Ehegatten den Unterhaltsanspruch der unverheirateten minderjährigen Kinder gefährdet, kann auf der Grundlage der hier vertretenen Auffassung zu § 1609 II 1 BGB nicht eintreten. § 1568 1. Fall BGB ist bereits aus diesem Grunde nicht auf Fallgruppe 1 „Unterhaltsgefährdung durch Wiederverheiratung“ anwendbar.

---

[45] Das Rechenbeispiel des Rechtsausschusses des Bundestages abgedruckt BT-Drs. 7/4361, S. 34:

Einkommen des unterhaltspflichtigen Mannes 1800 DM. Der Unterhaltsbedarf der geschiedenen Frau (600 DM), der neuen Ehefrau (600 DM), der beiden Kinder (je 200 DM).

Erste Berechnungsstufe: Ermittlung des Unterhalts der Kinder. Der für die Unterhaltszahlung verfügbare Betrag von 1100 DM ist im Verhältnis 600:600:200:200 aufzuteilen. Auf jedes Kind entfällt danach 1/8 also 137, 50 DM.

Zweite Berechnungsstufe: Ermittlung des Unterhalts der geschiedenen Ehefrau. Der für Unterhaltsleistungen verfügbare Betrag von 1100 DM ist auf die geschiedene Frau und die Kinder im Verhältnis 600:200:200 zu verteilen. Die geschiedene Frau erhält, da der zur Verfügung stehende Betrag für alle zu berücksichtigenden Personen ausreicht, ihren vollen Unterhalt in Höhe von 600 DM. Nach Abzug der Unterhaltsansprüche der Kinder in Höhe von insgesamt 275 DM und der geschiedenen Ehefrau in Höhe von 600 DM verbleibt für die neue Ehefrau ein Restbetrag von 225 DM.

Die in der Lehre umstrittene Frage,[46] ob die Ehescheidung aus Unterhaltsgründen verweigert werden darf, wenn konkret eine erneute Eheschließung des unterhaltspflichtigen Elternteils zu erwarten ist, bedarf deshalb keiner weiteren Klärung. Ihre Beantwortung ist im übrigen – wegen der mittlerweile gefestigten Rechtsprechung zu § 1609 II 1 BGB – für den praktischen Anwendungsbereich des § 1568 1. Fall BGB bedeutungslos geworden.[47]

II. Fallgruppe 2: Unterhaltsgefährdung durch Legitimation oder Zeugung von Kindern in einer neuen Ehe

1. Rechtsprechung zu § 48 III EheG 46

Die Ehescheidung wurde von den Gerichten gemäß § 48 III EheG 46 auch dann verweigert, wenn die Gefahr bestand, daß ein Ehegatte in einer neuen Ehe außerehelich geborene Kinder legitimieren[48] oder weitere Kinder zeugen würde[49], und deshalb der Unterhalt der ersteehelichen Kinder nicht mehr gesichert wäre.

In der Lehre zu § 48 III EheG 46 stieß die Berücksichtigung dieser Fallgruppe zum Teil auf Widerspruch. Das Interesse der Kinder an der Aufrechterhaltung der Ehe wurde mit der Begründung verneint, daß der Ehegatte, der mit einer anderen Frau ein Verhältnis unterhielt, für die nichtehelichen Kinder, die aus dieser Verbindung hervorgingen, ebenfalls unterhaltspflichtig sei.[50]

Richtig an diesem Einwand war, daß der Vater auch den nichtehelichen Kindern gegenüber gemäß §§ 1708 bis 1714 BGB a.F. unterhaltspflichtig war. Jedoch bestanden zwischen den Unterhaltsansprüchen der ehelichen und nichtehelichen Kinder erhebliche Unterschiede. Zum einen waren die Ansprüche der nichtehelichen Kinder gemäß § 1708 BGB a.F. – zunächst bis zur Vollendung

---

[46] Vgl. FN 32.

[47] Andeutungsweise ebenso: Beitzke/Lüderitz, Familienrecht, § 19 I. 4. a), S. 178; MünchKomm-Wolf, 3. Auflage, § 1568 Rnr. 31.

[48] OGH JR 1949, 346 (347).

[49] BGH FamRZ 1967, 139 (141).

[50] Dettmers NJW 1947/48, 103 (103).

des 16. und später bis zur Vollendung des 18. Lebensjahres[51] – zeitlich begrenzt. Zum anderen gingen ihre Unterhaltsansprüche gemäß § 6 Lohnpfändungsverordnung[52] und später gemäß § 850 d II b) ZPO a.F. denen der ehelichen Kinder in der Zwangsvollstreckung nach.[53] Auf Grund dieser Rechtslage konnte sich die Aufrechterhaltung der Ehe tatsächlich positiv auf die wirtschaftliche Situation der ehelichen Kinder auswirken.

2. Anwendbarkeit des § 1568 1. Fall BGB auf Fallgruppe 2

Im Gegensatz zu den Unterhaltsansprüchen des zweiten Ehegatten stehen die Unterhaltsansprüche der durch eine zweite Ehe legitimierten oder in dieser gezeugten Kinder nach § 1609 I BGB denen der erstehelichen Kinder im Range gleich.[54] Bei Familien mit geringem Einkommen kann das dazu führen, daß bei einer Wiederverheiratung der angemessene Unterhaltsbedarf der erst- und zweitehelichen Kinder nicht mehr von dem unterhaltspflichtigen Ehegatten bestritten werden kann. Die Ansprüche der erst- und zweitehelichen Kinder müssen dann anteilig gekürzt werden. Fraglich ist, ob der Scheidungsantrag nach § 1568 1. Fall BGB abgewiesen werden darf, um die Gefahr einer solchen Unterhaltskürzung der erstehelichen Kinder zu verhindern.

§ 1568 1. Fall BGB setzt für seine Anwendung unter anderem als einschränkendes Tatbestandsmerkmal voraus, daß die Aufrechterhaltung der Ehe notwendig ist. Hieraus ergibt sich, daß § 1568 1. Fall BGB nur dann anzuwenden ist, wenn dadurch die zu erwartende Gefährdung der Kinder auch tatsächlich abgewendet oder zumindest gemildert werden kann.[55] Durch den Einsatz des § 1568 1. Fall BGB wird die Legitimation nichtehelicher und die Zeugung

---

[51] Durch das Gesetz vom 11.8.1961 – BGBl. Teil I 1221 – ist § 1708 BGB a.F. dahin geändert worden, daß der Vater den unehelichen Kindern nicht mehr nur bis zur Vollendung des 16., sondern bis zur Vollendung des 18. Lebensjahres unterhaltspflichtig war.

[52] RGBl. 1451.

[53] So auch OGH JR 1949, 346 (347).

[54] BGH FamRZ 1986, 798 (798); Soergel-Häberle § 1609 Rnr. 4.

[55] MünchKomm-Wolf, 3. Auflage, § 1568 Rnr. 22; Gernhuber/Coester-Waltjen, Familienrecht, § 27 V, S. 326; Staudinger-Rauscher § 1568 Rnr. 43.

zweitehelicher Kinder verhindert, da durch die Aufrechterhaltung des formalen Ehebandes eine Wiederverheiratung unmöglich wird.

Seit dem Inkrafttreten des Gesetzes über die rechtliche Stellung der nichtehelichen Kinder – NEhelG – vom 1. 7. 1970[56] hat sich jedoch die Unterhaltssituation der nichtehelichen Kinder entscheidend geändert. Gemäß § 1615 a 1. Halbs. BGB gelten für die Unterhaltspflicht gegenüber nichtehelichen Kindern die allgemeinen Vorschriften der §§ 1601 ff. BGB. Die nichtehelichen Kinder wurden somit in die durch § 1609 I BGB bestimmte Rangfolge eingegliedert. Sie stehen damit den ehelichen Kindern im Unterhaltsrang gleich. Dieser materiellrechtlichen Gleichrangigkeit ihrer Unterhaltsansprüche wurde die vollstreckungsrechtliche Vorschrift des § 850 d II a) ZPO angepaßt. Die früher nach § 850 d II b) ZPO gegebene Benachteiligung der nichtehelichen Kinder in der Zwangsvollstreckung ist damit entfallen.

Die Unterhaltsansprüche der nichtehelichen Kinder würden deshalb im Mangelfall, obwohl der Scheidungsantrag nach § 1568 1. Fall BGB abgewiesen würde, ebenfalls zu einer anteiligen Kürzung der Ansprüche der ehelichen Kinder führen. Die Aufrechterhaltung der Ehe ist daher nicht geeignet, die Unterhaltsansprüche der ehelichen Kinder zu schützen.

Der mögliche Einwand, daß ein Ehegatte in einem durch eine Ehe legitimierten Verhältnis mehr Kinder zeugen würde als in einem außerehelichen, ist rein spekulativ und deshalb unbeachtlich.[57] Die Aufrechterhaltung der Ehe ist somit nicht notwendig i.S. des § 1568 1. Fall BGB.

3. Ergebnis zu II

§ 1568 1. Fall BGB ist nicht auf Fallgruppe 2 „Unterhaltsgefährdung durch Legitimation oder Zeugung von Kindern in einer neuen Ehe“ anwendbar.[58]

---

[56] BGBl. Teil I 1243.

[57] MünchKomm-Wolf, 3. Auflage, § 1568 Rnr. 32.

[58] Im Ergebnis ebenso: MünchKomm-Wolf, 3. Auflage, § 1568 Rnr. 32; BGB/RGRK-Graßhof § 1568 Rnr. 31; Staudinger-Rauscher § 1568 Rnr. 66.

III. Fallgruppe 3: Verringerung der Erbrechtschancen durch Wiederverheiratung

1. Rechtsprechung zu § 48 III EheG 46

Die Rechtsprechung zu § 48 III EheG 46 schenkte dieser Fallgruppe keine Beachtung. In der Lehre zu § 48 III Ehe 46 finden sich dagegen vereinzelte allgemein gehaltene Anmerkungen, wonach erbrechtliche Interessen zwar zu berücksichtigen sind, aber nur in ganz besonderen Fällen ausschlaggebend sein sollten.[59]

2. Anwendbarkeit des § 1568 1. Fall BGB auf Fallgruppe 3

Sowohl der neue Ehegatte als auch die Kinder aus einer zweiten Ehe beeinträchtigen gemäß §§ 1924, 1931, 1371 BGB den Erbteil der erstehelichen Kinder nachteilig. Die Frage, ob eine solche vermögensrechtliche Beeinträchtigung eine Anwendung des § 1568 1. Fall BGB rechtfertigt, läßt sich im Wege der Auslegung beantworten.

a) Grammatische Interpretation

Die Auslegung unbestimmter Rechtsbegriffe beginnt beim Wortlaut des Gesetzes. Er ist Ausgangspunkt für die Sinnermittlung und steckt zugleich die Grenzen der Auslegungsmöglichkeiten ab.[60] Im Gegensatz zu den meisten Regelungen mit vorwiegend unbestimmten Rechtsbegriffen, gibt die Vorschrift des § 1568 1. Fall BGB Anhaltspunkte für eine Wortlautauslegung.

Aus den einschränkend wirkenden Tatbestandsmerkmalen „aus besonderen Gründen", „ausnahmsweise" wird deutlich, daß § 1568 1. Fall BGB die Kinder nicht vor den üblichen Erschwernissen schützen will, die sich für sie aus der Ehescheidung ihrer Eltern ergeben. Das Tatbestandsmerkmal „ausnahmsweise" ist allerdings eine überflüssige Redundanz, da „besondere Gründe" immer eine „Ausnahme" darstellen. Dem Wortlaut des § 1568 1. Fall läßt sich somit klar

---

[59] v. Godin § 48 Anm. 7 f.; BGB/RGRK-Wüstenberg § 48 Anm. 272.

[60] Larenz, Methodenlehre der Rechtswissenschaft, S. 320.

entnehmen, daß die Scheidung einer gescheiterten Ehe nach der Vorstellung des Gesetzgebers auch dann den Regelfall bilden soll, wenn minderjährige Kinder von dieser betroffen sind.

In bezug auf die materiellen Interessen der minderjährigen Kinder bedeutet dies, daß § 1568 1. Fall BGB keinesfalls greift, damit ein Kind finanziell so gestellt bleibt, wie dies vor der Ehescheidung der Fall war. Vielmehr muß eine außergewöhnliche Fallgestaltung vorliegen, damit die Aufrechterhaltung der Ehe gerechtfertigt ist.[61] Wirtschaftliche Beeinträchtigungen müssen daher von einer solchen Schwere sein, daß sie eine wirkliche Gefährdung der wirtschaftlichen Lage der minderjährigen Kinder darstellen. Eine solche ist aber nicht gegeben, wenn durch die Wiederverheiratung lediglich die Möglichkeit besteht, daß ihre Erbrechtschancen durch den neuen Ehegatten oder zweiteheliche Kinder nachteilig beeinträchtigt werden könnten. Der restriktive Wortlaut der Vorschrift spricht daher gegen eine Anwendung auf Fallgruppe 3.

b) Systematische Interpretation

Selbst wenn man aber § 1568 1. Fall BGB trotz eines restriktiven Wortlautes noch auf die Fallgruppe 3 anwenden wollte, darf eine Ehe aus diesem Grunde nicht aufrechterhalten werden. Denn aus dem Geltungsvorrang höherrangiger Rechtsnormen folgt, daß eine Auslegung zu vermeiden ist, die die ausgelegte Norm in Widerspruch zu einer höherrangigen bringt. Jede Rechtsnorm muß daher im Einklang mit der Verfassung, d.h. verfassungskonform ausgelegt werden.[62]

Art. 6 I GG gewährleistet neben der Institutsgarantie der Ehe[63] als negatorisches Freiheitsrecht die Eheschließungsfreiheit, d.h. das Recht, mit einem selbstgewählten und hierzu bereiten Partner die Ehe einzugehen.[64] Fraglich ist

---

[61] So im Ergebnis auch: Staudinger-Rauscher § 1568 Rnr. 47; Johannsen/Henrich-Jäger § 1568 Rnr. 14; MünchKomm-Wolf, 3. Auflage, § 1568 Rnr. 22; Rolland, Kommentar zum Ersten Eherechtsreformgesetz, § 1568 Rnr. 38.

[62] Larenz, Methodenlehre der Rechtswissenschaft, S. 339.

[63] BVerfGE 6, 55 (71); BVerfGE 9, 237 (242); BVerfGE 24, 119 (135).

[64] BVerfGE 28, 324 (347); BVerfGE 29, 166 (175); BVerfGE 31, 58 (67); BVerfGE 36, 136 (161); Leibholz/Rinck/Hesselberger, GG, Art. 6 Rnr. 120; v. Münch, in: v. Münch I, Art. 6 Rnr. 17; Schmidt-Bleibtreu-Klein Art. 6 Anm. 2; Gernhuber/Coester-Waltjen, Familienrecht § 5 III. 1, S. 43; a.A. Lücke, in: Festschrift für Bosch, S. 627 (643), der die Eheschließungsfreiheit aus Art. 2 I GG herleitet.

allerdings, ob sich dieses Recht auch in einer zwar formal noch bestehenden, aber personal gescheiterten Ehe aus Art. 6 I GG ergibt. Die Beantwortung dieser Frage hängt entscheidend davon ab, ob man eine stärker institutionell oder interindividuell geprägte Eheauffassung vertritt.[65]

Betrachtet man mit der früher h.M. Art. 6 I GG primär als institutionelle Garantie der Ehe[66], so zwingt dies dazu, nur die erste Eheschließung durch Art. 6 I GG zu schützen, da diese gegenüber weiteren Eheschließungswünschen ihrerseits den Bestandsschutz des Art. 6 I GG genießt.[67] Das Recht der Eheschließungsfreiheit ergibt sich dann nur aus dem Grundrecht der allgemeinen Handlungsfreiheit des Art. 2 I GG.

Sieht man dagegen in Art. 6 I GG stärker das subjektive Recht, so gewährleistet dieses den Ehegatten auch in einer zwar noch formal bestehenden, aber personal gescheiterten Ehe die Freiheit zur erneuten Eheschließung.[68]

---

[65] Vgl. zu den verschiedenen Ehelehren die Übersicht bei Rolland, Kommentar zum Ersten Eherechtsreformgesetz, Vorbemerkung zu §§ 1353–1362 Rnr. 6 ff. m.w.N.

[66] Die Rechtsprechung des BGH war im EheG 46 stark von einem institutionellen Eheverständnis geprägt. Sie gab der Ehe, in der sich eine eheliche Gemeinschaft einmal verwirklicht und sich eine innere Bindung an diese jedenfalls bei einem der Ehegatten entwickelt hatte, einen abstrakten, über das Fortbestehen des individuellen Glücks der Ehegatten hinausgehenden sittlichen Wert (BGHZ 1, 356 (358)). Der BGH stellte darauf ab, daß das Institut der Ehe im Hinblick auf das wirkliche Wohl aller notfalls auch gegen den Willen der Beteiligten geschützt werden müsse (BGH FamRZ 1960, 187 (188)). Diese Auffassung wurde auch in der Lehre vertreten. So heißt es bei Bosch: „... es gibt keine für die Gemeinschaft wertlos gewordene Ehe; in der einzelnen Ehe realisiert sich zum Zeitpunkt ihres Abschlusses an die Institution. Und es ist besser, daß eine durch Verschulden brüchig gewordene Ehe rechtlich erhalten bleibt, als daß die Institution Schaden nimmt und damit alle Ehen an Wert verlieren." Bosch, Familienrechtsreform, S. 45; derselbe FamRZ 1966, 57 (61); Roth-Stielow, FamRZ 1977, 766 (767). Das institutionelle Eheverständnis löste bei Vertretern des interindividuellen Eheverständnisses zu Recht scharfe Kritik aus: „Die reale Bedeutung der Institution Ehe besteht darin, den Gatten die Zuständigkeit zu eigenen Entscheidungen in ihrer Ehe abzusprechen und statt dessen eine Zuständigkeit anderer zu behaupten, denen auf diese Weise eine Herrschaft über das Führen und Beenden der Ehe eingeräumt wird. ... Dadurch werden Eherecht und Ehen politisch instrumentalisiert." Wolf JZ 1970, 441 (445).

[67] Palandt-Diederichsen, 53. Auflage, § 1568 Rnr. 1; wohl auch Ambrock FamRZ 1978, 314 (314).

[68] Knüttel FamRZ 1985, 1089 (1090); Staudinger-Rauscher Vorbemerkung zu §§ 1564–1568 Rnr. 8; Zeidler, in: Festschrift für Faller, S. 145 (167).

Das BVerfG hat sich hierzu nicht ausdrücklich geäußert. Jedoch stellten im Zusammenhang mit der Frage nach der Verfassungswidrigkeit des § 1568 II BGB vier der acht Richter des Ersten Senats im Urteil vom 28.2.1980 zutreffend darauf ab, daß der Gesetzgeber nicht dazu verpflichtet sei, gescheiterte Ehen als Zwangsgemeinschaft gegen die nachhaltige Ablehnung eines der beiden Ehegatten dauernd aufrechtzuerhalten. Denn die Ehe als Rechtseinrichtung dürfe nicht losgelöst davon gesehen werden, daß es sich um eine Lebensgemeinschaft zweier Partner handelt, zu deren Wesen die gelebte Verwirklichung der ehelichen Gemeinschaft gehöre. Ein durch eine Zwangsgemeinschaft auferlegtes Wiederverheiratungsverbot stehe mit dem Leitbild des Grundgesetzes von der Ehe nicht im Einklang.[69] Zum Ehebild des Art. 6 I GG gehört somit weniger eine aus dem Vollzug einer ehelichen Lebensgemeinschaft geschaffene abstrakte sittliche Wertordnung, sondern vielmehr die partnerschaftliche Verbundenheit und Kooperation der Ehegatten. Eine Ehe, in der dieser persönliche Konsens nicht mehr erzielt werden kann, ist ihres eigentlichen Sinnes und Inhaltes beraubt. Die durch Art. 6 I GG gewährleistete Eheschließungsfreiheit kann daher nur insoweit durch eine erfolgte Eheschließung als „verbraucht" angesehen werden, als die individuelle Ehe noch ihre von den Ehegatten gewollte Funktion erfüllt.[70] Von dieser Prämisse ausgehend, gewährleistet Art. 6 I GG jedem Ehegatten in einer zwar noch formal bestehenden, aber bereits personal zerstörten Ehe das Recht zur erneuten Eheschließung.

Die Anwendung des § 1568 1. Fall BGB bewirkt die Aufrechterhaltung des formalen Ehebandes und verhindert damit die Möglichkeit einer Wiederverheiratung. Das Scheidungsverbot des § 1568 1. Fall BGB ist somit ein Wiederverheiratungsverbot[71] und greift deshalb in die durch Art. 6 I GG geschützte Eheschließungsfreiheit ein.

Das Grundrecht der Eheschließungsfreiheit ist in Art. 6 I GG zwar ohne Gesetzesvorbehalt, aber dennoch nicht schrankenlos gewährleistet. Nach der vom BVerfG entwickelten und einhellig akzeptierten Formel sind vorbehaltlos gewährleistete Grundrechte durch kollidierende Grundrechte Dritter und andere mit Verfassungsrang ausgestattete Rechtswerte beschränkbar.[72] Fallgruppe 3 beinhaltet aber keinen solchen Verfassungswert. Hinsichtlich des Erbrechts enthält Art. 14 I 1 GG zwar das Anrecht der gesetzlichen bzw. durch Testament

---

[69] BVerfG NJW 1980, 689 (690).

[70] Ebenso Staudinger-Rauscher Vorbemerkung zu 1564–1568 Rnr. 8.

[71] Lüderitz, Gutachten B, S. 95.

[72] BVerfGE 28, 243 (261); BVerfGE 32, 98 (108); BVerfGE 81, 278 (278); Stern, Staatsrecht III/2, § 81 IV. 5. m.w.N.

eingesetzten Erben auf Gesamtrechtsnachfolge nach dem Erblasser.[73] Jedoch schützt Art. 14 I 1 GG nicht das Vermögen als solches[74] und damit auch nicht die Chance, einen bestimmten Vermögenswert zu erben. Die Anwendung des § 1568 1. Fall BGB auf Fallgruppe 3 wäre daher verfassungswidrig.

3. Ergebnis zu III

§ 1568 1. Fall BGB ist nicht auf Fallgruppe 3 „Verringerung der Erbrechtschancen durch eine Wiederverheiratung" anwendbar. An diesem Ergebnis würde sich im übrigen auch dann nichts ändern, wenn man mit einem stärker institutionell geprägten Eheverständnis davon ausginge, daß sich die Eheschließungsfreiheit in einer gescheiterten, aber formal noch bestehenden Ehe nur aus Art. 2 I GG ergibt. Zwar steht dieser unter einem allgemeinen Gesetzesvorbehalt und läßt deshalb weitergehende Eingriffe zu als der vorbehaltlos gewährleistete Art. 6 I GG, jedoch würde unverhältnismäßig in Art. 2 I GG eingegriffen, wenn den Ehegatten bis zur Volljährigkeit ihrer Kinder die Ehescheidung und damit die Möglichkeit der Wiederverheiratung nur deshalb versagt würde, weil sich dadurch die Erbrechtschancen ihrer minderjährigen Kinder verringern könnten.

IV. Fallgruppe 4: Minderung der Leistungsbereitschaft des unterhaltspflichtigen Elternteils nach der Ehescheidung

1. Rechtsprechung zu § 48 III EheG 46

Nach der Rechtsprechung des BGH wurde auf Grund der Kinderschutzklausel des § 48 III EheG 46 die Ehescheidung verweigert, wenn der aus der Ehe strebende Ehegatte schon während des Getrenntlebens nur im Wege der Klage seiner Unterhaltspflicht nachgekommen war.[75] Dies wurde damit begründet, daß die Ehescheidung leicht das Gefühl der Verpflichtung gegenüber den bei der Mutter bleibenden Kindern schwächen oder sogar ganz zum Erlöschen bringen wür-

---

[73] BVerfGE 67, 329 (341); Brun-Otto Bryde, in: v.Münch I, Art. 14 Rnr. 45; Kimminich, in: Dolzer/Vogel, BK, Art. 14 Rnr. 125; Leibholz/Rinck/Hesselberger, GG, Art. 14 Rnr. 1042.

[74] BVerfGE 74, 129 (148).

[75] BGH FamRZ 1969, 26 (28); OLG Celle FamRZ 1963, 523 (523); OLG Frankfurt SJZ 1946, 225 (226); OLG München FamRZ 1968, 162 (165).

de.[76] Dagegen bestünde bei der Aufrechterhaltung der Ehe eher die Aussicht, daß sich der Kläger seiner Pflichten gegenüber den Kindern erinnern würde.[77]

2. Anwendbarkeit des § 1568 1. Fall BGB auf Fallgruppe 4

Die Argumentation des BGH zu § 48 III EheG 46 ist nicht überzeugend und kann deshalb nicht auf § 1568 1. Fall BGB übertragen werden. Mit Recht weist Rolland darauf hin, daß die fehlende Bereitschaft zur Unterhaltszahlung in keinem ursächlichen Zusammenhang mit der Auflösung des Ehebandes stehe.[78] Denn es ist nicht ersichtlich, warum die Bereitschaft zur Unterhaltsgewährung während des Getrenntlebens stärker sein soll als nach dem Ausspruch der Scheidung.

Aber auch wenn im Einzelfall die Kausalität zwischen fehlender Zahlungsmoral und Ausspruch der Scheidung gegeben sein sollte, würde sich in einem solchen Fall die Aufrechterhaltung der Ehe im Hinblick auf die Wiederverheiratungsinteressen der Ehegatten als eine völlig unverhältnismäßige Maßnahme darstellen. Denn der Unterhaltsanspruch der minderjährigen Kinder kann ebenso gut dadurch sichergestellt werden, daß sich der unterhaltspflichtige Ehegatte in einer vollstreckbaren Urkunde zu angemessenen Unterhaltsleistungen verpflichtet.[79]

Bei einer einverständlichen Scheidung gemäß §§ 1565 I i.V.m. 1566 I BGB – die in der Praxis mittlerweile absolut vorherrschend ist – soll das Gericht ohnehin gemäß § 630 III ZPO der Scheidung erst dann stattgeben, wenn die Ehegatten über den Kindesunterhalt einen vollstreckbaren Schuldtitel geschaffen haben.[80]

3. Ergebnis zu IV

§ 1568 1. Fall BGB ist nicht auf Fallgruppe 4 „Minderung der Leistungsbereitschaft des unterhaltspflichtigen Elternteils nach der Ehescheidung“ anwendbar.

---

[76] OLG München FamRZ 1968, 162 (165).

[77] OLG Celle FamRZ 1963, 523 (523).

[78] Rolland, Kommentar zum Ersten Eherechtsreformgesetz, § 1568 Rnr. 37; zustimmend Johansen/Heinrich-Jäger § 1568 Rnr. 16.

[79] MünchKomm-Wolf, 3. Auflage, § 1568 Rnr. 34.

[80] Schwab FamRZ 1976, 658 (662).

V. Fallgruppe 5: Gefährdung eines Sonderbedarfs im Krankheitsfall

1. Rechtsprechung zu § 48 III EheG 46

In der Rechtsprechung zu § 48 EheG 46 wurde diese Fallgruppe nicht behandelt.

2. Anwendbarkeit des § 1568 1. Fall BGB auf Fallgruppe 5

Zum Teil wird in der Lehre eine Anwendung des § 1568 1. Fall BGB für möglich gehalten, wenn infolge einer Ehescheidung ein dringender Sonderbedarf eines Kindes für eine Heilbehandlung nicht mehr gesichert wäre.[81]

Nach der Begriffsbestimmung des § 1613 II 1 BGB ist Sonderbedarf definiert als „ein unregelmäßiger, außergewöhnlich hoher Bedarf". Ein solcher wird bei zahnärztlichen[82] und zahnkieferorthopädischen Behandlungen[83], notwendigen orthopädischen Hilfsmitteln[84], medizinisch verordneten Kuraufenthalten[85] sowie notwendigen Einzeltherapiebehandlungen wegen psychogener Erkrankungen[86] nach allgemeiner Auffassung angenommen.[87]

Wie bereits bei Fallgruppe 3 – Verringerung der Erbrechtschancen durch eine Wiederverheiratung – geprüft, ist bereits dem Wortsinn des § 1568 1. Fall BGB zu entnehmen, daß die mit der Scheidung einhergehenden wirtschaftlichen Beeinträchtigungen von solcher Schwere sein müssen, daß sie eine wirkliche Gefährdung der minderjährigen Kinder darstellen.[88]

Fraglich ist, ob eine solche Gefährdung gegeben ist, wenn die notwendigen Kosten für eine der genannten Heilbehandlungen nach der Ehescheidung die

---

[81] Rolland, Kommentar zum Ersten Eherechtsreformgesetz, § 1568 Rnr. 38; Johansen/Henrich-Jäger § 1568 Rnr. 16.

[82] KG NJW-RR 1993, 1223 (1224).

[83] OLG Düsseldorf FamRZ 1981, 76 (77).

[84] BGH NJW 1982, 328 (329).

[85] OLG Köln FamRZ 1986, 593 (593).

[86] AG Saarbrücken FamRZ 1987, 96 (96).

[87] MünchKomm-Köhler, 3. Auflage, § 1613 Rnr. 9; Erman-Holzhauer § 1613 Rnr. 11; Soergel-Häberle § 1613 Rnr. 10; Wendl-Scholz, Unterhaltsrecht, § 6 Rnr. 14; Borth, in: Handbuch des Scheidungsrechts, Teil IV. C. III. 2. c) Rnr. 134; Johansen/Henrich-Graba § 1613 Rnr. 12; BGB/RGRK-Mutschler § 1613 Rnr. 10.

[88] Vgl. § 7 A III 2 a.

Leistungsfähigkeit des Unterhaltsverpflichteten übersteigen würden. Rauscher verneint dies, da solche Kosten in aller Regel von der sozialen Krankenversicherung getragen würden. Wo dies im Einzelfall nicht so sei, sollten die Kosten für die Heilbehandlungen von der öffentlichen Hand übernommen werden.[89]

Die Entstehungsgeschichte des § 1568 1. Fall BGB spricht allerdings gegen eine solche Handhabung. Denn der Bundesrat – auf dessen Betreiben die Kinderschutzklausel des § 1568 1. Fall BGB in das 1. EheRG aufgenommen wurde – hat die Kinder nicht – wie dies im 2. Regierungsentwurf vorgesehen war – auf die Möglichkeit öffentlicher Hilfe verweisen wollen.[90]

In bezug auf Fallgruppe 5 ist es dennoch geboten, daß die Kosten für besondere Heilbehandlungen der Kinder notfalls von der öffentlichen Hand getragen werden. Die sich aus Art. 6 II 1 GG ergebende Elternverpflichtung zur Unterhaltszahlung[91] besteht nämlich auch in Fällen eines Sonderbedarfs nur im Rahmen der Leistungsfähigkeit des Unterhaltspflichtigen.[92] Auch in Fällen eines Sonderbedarfs im Krankheitsfall darf es deshalb nicht zur Voraussetzung für eine Ehescheidung gemacht werden, daß der zum Unterhalt verpflichtete Ehegatte seine Kinder über seine tatsächliche Leistungsfähigkeit hinaus ausstattet. Eine solche Fallgruppe hätte zudem den „peinlichen Beigeschmack" einer Privilegierung des besser situierten Ehegatten, der seinen Unterhaltspflichten jederzeit genügen kann,[93] und würde zu einer Benachteiligung der wirtschaftlich schlechter gestellten Ehepaare führen.[94] Das Interesse der öffentlichen Hand an Kosteneinsparung muß hier den Freiheitsinteressen der scheidungswilligen Ehegatten weichen.

3. Ergebnis zu V

§ 1568 1. Fall BGB ist nicht auf Fallgruppe 5 „Gefährdung eines Sonderbedarfs im Krankheitsfall" anwendbar.

---

[89] Staudinger-Rauscher § 1568 Rnr. 68.
[90] Vgl. § 3 B IV.
[91] Maunz/Dürig/Herzog Art. 6 Rnr. 24.
[92] KG NJW-RR 1993, 1223 (1224); MünchKomm-Köhler, 3. Auflage, § 1613 Rnr. 11; Erman-Holzhauer § 1613 Rnr. 9; Wendl-Scholz, Unterhaltsrecht, § 6 Rnr. 7; Borth, in: Handbuch des Scheidungsrechts, Teil IV. C. III. 2. d) Rnr. 136.
[93] Gernhuber/Coester-Waltjen, Familienrecht, § 27 V. 4, S. 327; MünchKomm-Wolf § 1568 Rnr. 33.
[94] Ambrock, Ehe und Ehescheidung, § 1568 I. 6, S. 129.

VI. Ergebnis zu A

Die Berücksichtigung materieller Härten im Rahmen des § 1568 1. Fall BGB ist zwar nach dessen Wortlaut, Entstehungsgeschichte und Normzweck nicht prinzipiell von vornherein ausgeschlossen, jedoch sind materielle „besondere Gründe", eine gescheiterte Ehe „ausnahmsweise" im Interesse der minderjährigen Kinder aufrechtzuerhalten, nicht ersichtlich. § 1568 1. Fall BGB ist auf keine von der Rechtsprechung zu § 48 III EheG 46 entwickelten wirtschaftlichen Fallgruppen anwendbar. In bezug auf die wirtschaftlichen Belange der minderjährigen Kinder hat § 1568 1. Fall BGB somit keinen Anwendungsbereich. Die Zurückhaltung der Gerichte bei der Berücksichtigung materieller Interessen der Kinder ist deshalb nicht nur gerechtfertigt, sondern geboten.

B. Berücksichtigung materieller Interessen im Recht der DDR

Die Berücksichtigung materieller Interessen der Kinder wurde von der Rechtsprechung der DDR ausschließlich während der Geltung des Ehegesetzes von 1946 erörtert. Die folgende Untersuchung bezieht sich daher § 48 III EheG 46.

I. Unterhaltsgefährdung durch Wiederverheiratung

Die Frage, ob eine Ehescheidung aus Unterhaltsgründen verweigert werden darf, da eine Wiederverheiratung des Unterhaltspflichtigen zu erwarten ist, wurde lediglich in einer Entscheidung des Kreisgerichts Berlin-Ost angesprochen.[95]

Die geringe Beachtung dieser Fallgruppe ist auf die familienrechtliche Entwicklung in der DDR zurückzuführen. Diese wurde entscheidend durch Art. 7 Verf. DDR 49 geprägt, der die Gleichstellung von Mann und Frau und zwar nicht nur als Programmsatz, sondern als unmittelbar geltendes Recht bestimmte. Alle Bestimmungen, die dem Gleichberechtigungsgedanken widersprachen, wurden außer Kraft gesetzt.[96] Durch § 15 des Gesetzes über den Mutter- und Kinderschutz und die Rechte der Frau – MKSchG – vom 27.9.1950 wurde Art. 7 Verf. DDR weiter präzisiert. Danach durfte eine Frau nicht daran gehindert werden, einen Beruf auszuüben oder einer beruflichen Ausbildung nachzugehen.[97]

---

[95] KG Berlin-Ost NJ 1951, 89 (90).
[96] Bellon, Das Ehescheidungsrecht der DDR, S. 12.
[97] GBl. der DDR 1950 1037.

Nach Engels war die bürgerliche Ehe nicht „die Frucht der individuellen Geschlechtsliebe“, sondern eine Familienform, „die nicht auf natürliche, sondern auf ökonomische Bedingungen gegründet war, nämlich auf den Sieg des Privateigentums über das ursprüngliche naturwüchsige Gemeineigentum“.[98] Durch Art. 7 Verf. DDR und § 15 MKSchG sollte deshalb insbesondere die wirtschaftliche Gleichstellung der Frauen erreicht werden. Die Ehe sollte so von dem Odium der „Versorgungsanstalt“ befreit werden.[99]

Bereits seit Beginn der fünfziger Jahre gingen die Gerichte auch davon aus, daß der Grundsatz der Gleichberechtigung nicht nur formalrechtlich zum Gesetz geworden war, sondern daß alle erforderlichen Maßnahmen, wie Ausbildungsmöglichkeiten, Bereitstellung von Arbeitsplätzen, getroffen waren, um die wirtschaftliche Gleichberechtigung der Frau tatsächlich zu verwirklichen.[100] Die DDR wies in der Tat im internationalen Vergleich die höchste Quote von beschäftigten Frauen auf; diese stellten Anfang der achtziger Jahre sogar über 50 % aller Arbeiter und Angestellten.[101]

Folgerichtig wurde in der eingangs erwähnten Entscheidung des Kreisgerichts Berlin-Ost davon ausgegangen, daß auch die zweite Frau regelmäßig selbst berufstätig und daher nicht unterhaltsberechtigt wäre.[102] Eine Wiederverheiratung beeinträchtigte somit in der Regel nicht die Unterhaltsansprüche der ersteehelichen Kinder.

Für den Fall, daß die zweite Frau dennoch „nur“ im Haushalt tätig sein würde, änderte dies kaum etwas an der tatsächlichen finanziellen Situation der erstehelichen Kinder, denn auch eine Lebensgefährtin hatte für die im Haushalt des Mannes geleistete Hausarbeit einen materiellen Anspruch.[103] Die Fallgruppe „Unterhaltsgefährdung durch Wiederverheiratung“ hatte in der DDR keine Bedeutung.

II. Unterhaltsgefährdung durch Legitimation oder Zeugung von Kindern in einer neuen Ehe

Auch diese Fallgruppe wurde infolge der familienrechtlichen Entwicklung in der DDR sehr bald gegenstandslos. Die rechtliche Gleichstellung der nichtehe-

---

[98] Engels, Der Ursprung der Familie, des Privateigentums und des Staates, S. 51.
[99] Benjamin NJ 1949, 209 (209).
[100] LG Cottbus NJ 1951, 424 (425); OG NJ 1952, 451 (452).
[101] Statistisches Taschenbuch der DDR 1982, S. 33.
[102] KG Berlin-Ost NJ 1951, 89 (90).
[103] KG Berlin-Ost NJ 1951, 89 (90).

lichen und ehelichen Kinder fand in der DDR sehr viel früher statt als in der Bundesrepublik Deutschland. Bereits durch die Verfassung vom 7.10.1949 wurde in Art. 33 Verf. DDR 49 angeordnet: „Außereheliche Geburt darf weder dem Kinde noch seinen Eltern zum Nachteil gereichen. Entgegenstehende Gesetze und Bestimmungen sind aufgehoben".[104] Die zur Fallgruppe 2 der Kinderschutzklausel des § 1568 1. Fall BGB vertretene Argumentation[105] wurde daher von dem OG der DDR bereits 1951 vertreten. Es wies zutreffend darauf hin, daß auf Grund der Tatsache der Gleichstellung von außerehelichen und ehelichen Kindern der Unterhaltsanspruch der ehelichen Kinder durch die Scheidung der Ehe ihrer Eltern und eine nachfolgende Heirat des unterhaltspflichtigen Elternteils nicht verschlechtert werde.[106]

III. Minderung der Leistungsbereitschaft des unterhalts-pflichtigen Elternteils nach der Ehescheidung

Wie der BGH zu § 48 III EheG 46[107] wies auch das OG der DDR darauf hin, daß die Aufrechterhaltung der Ehe im Interesse der Kinder erforderlich sein könne, wenn der klagende Ehegatte nicht die Gewähr biete, daß er im Falle der Scheidung seine Verpflichtung gegenüber seinem Kinde erfülle. Das sei z.B. der Fall, wenn er sich zur Ehe und seinen Kindern leichtfertig verhalten habe und er während des Getrenntlebens seine elterlichen Pflichten, zu denen auch seine Unterhaltspflicht gehöre, verletze.[108] In den Entscheidungen, in denen diese Fallgruppe geprüft wurde, wurde die Gefahr einer solchen Pflichtverletzung seitens des Klägers aber stets verneint; sie kam deshalb im Recht der DDR nicht zur Anwendung.[109]

IV. Ergebnis zu B

Auf Grund der ökonomischen Selbständigkeit der Frauen und der frühen Gleichstellung der außerehelichen mit den ehelichen Kindern hatten materielle Erwägungen bei den Kinderschutzklauseln in der ehemaligen DDR bereits seit dem Ehegesetz von 1946 keine Bedeutung.

---

[104] GBl. DDR 1950 1037.

[105] Vgl. § 7 A II 2 b.

[106] OG NJ 1951, 366 (366); OG NJ 1951, 367 (368).

[107] Vgl. § 7 A IV 1.

[108] OG NJ 1951, 366 (367).

[109] OG NJ 1951, 366 (367); OG NJ 1953, 141 (141); KG Berlin-Ost NJ 1951, 89 (90).

§ 8 Berücksichtigung der immateriellen Interessen der minderjährigen Kinder bei der Ehescheidung

A. Immaterielle Fallgruppen zu § 1568 1. Fall BGB

Die möglichen immateriellen Fallgruppen zu § 1568 1. Fall BGB lassen sich in Anlehnung an die Rechtsprechung zur Kinderschutzklausel des § 48 III EheG 46 in zwei Hauptgruppen einteilen: Die durch die Scheidung bedingte sittliche und seelische Gefährdung der Kinder und die Gefährdung der Erziehung und Fürsorge.

I. Seelische und sittliche Gefährdung der Kinder

1. Fallgruppe 1: Beeinträchtigung von Rechts-, Moral- und Religionsempfindungen

a) Rechtsprechung zu § 48 III EheG 46

Die Scheidungsklage wurde gemäß § 48 III EheG 46 abgewiesen, wenn die Gefahr bestand, daß die Scheidung das natürliche Gefühl der Kinder für Recht und Ordnung erschüttern würde.[110] Dabei stellten die Gerichte zur Begründung immer wieder darauf ab, daß eine Ehescheidung die Kinder in ihren sittlichen Vorstellungen vom Wesen der Ehe auf das schwerste erschüttere, wenn sie erleben müßten, daß der Vater sich von der Mutter lossagen dürfe, obwohl die Ehe durch seine ehewidrigen Beziehungen zerstört worden sei[111] oder die Mutter in schweren Zeiten eine große Last für die Familie getragen habe.[112]

---

[110] BGH FamRZ 1955, 97 (98); BGH FamRZ 1957, 249 (251); OLG Celle NJW 1953, 1916 (1916); OLG Nürnberg FamRZ 1961, 526 (530); OLG Stuttgart FamRZ 1956, 240 (240).

[111] BGH FamRZ 1957, 249 (251); OLG Celle NJW 1953, 1916 (1916); OLG Stuttgart FamRZ 1956, 240 (240).

[112] BGH FamRZ 1955, 97 (98). Neben der Erhaltung der Ehe als Institution ging es dem BGH in diesem Urteil in erster Linie um den Schutz der Mutter. Diese sollte, nachdem sie während der Kriegsjahre die Erziehung und den Unterhalt der Kinder allein bestritten hatte, nicht erleben müssen, wie sich ihr Ehemann von ihr und den Kindern abwendet, um mit einer anderen Frau eine neue Ehe zu gründen. Vgl. Graehl, Die geschichtliche Entwicklung des § 48 Ehegesetz, S. 102.

Das OLG Schleswig verweigerte schließlich die Ehescheidung auf Grund religiöser Moralempfindungen des von der Ehescheidung betroffenen Kindes.[113] Da die katholische Kirche die Ehe als Sakrament versteht und sie deshalb als unlösbar ansieht, sei zu befürchten, daß ein kirchlich eingestelltes und religiös empfindendes Kind schweren seelischen Schaden erleide, wenn ihm erstmals der Zwiespalt zwischen der menschlichen Ordnung und den religiösen Geboten in seiner engsten Familie vor Augen geführt werde.[114]

Den Gerichten ging es bei diesen Entscheidungen nicht vorrangig um den Schutz der Rechts-, Moral- und Religionsempfindungen der minderjährigen Kinder. Denn diese dürften durch die „wilde Ehe“ eines oder beider Elternteile mehr gefährdet gewesen sein als durch eine Ehescheidung und Neuverheiratung.[115] Entsprechend dem institutionellen Eheverständnis der Rechtsprechung im EheG 46 diente § 48 III EheG 46 den Gerichten vielmehr als Begründungsfigur, um das Rechtsinstitut der Ehe als abstrakten Wert zu schützen.[116]

b) Anwendbarkeit des § 1568 1. Fall BGB auf Fallgruppe 1

Bei der Frage, inwieweit Beeinträchtigungen von Rechts-, Moral- und Religionsempfindungen einen besonderen Grund i.S. des § 1568 1. Fall BGB darstellen, ist entscheidend zu beachten, daß dieser nicht für sich allein steht, sondern Teil einer einheitlichen Rechtsordnung ist. Er muß deshalb im Einklang mit der im Grundgesetz aufgerichteten Werteordnung und den bestehenden Rechtsprinzipien angewendet werden.

Der Gesetzgeber hielt die Abhängigkeit der Ehescheidung von Verschuldenstatbeständen aus verschiedenen Gründen für reformbedürftig.[117] Deshalb

---

[113] OLG Schleswig FamRZ 1955, 107 (107).

[114] OLG Schleswig FamRZ 1955, 107 (107).

[115] Müller-Freienfels, Ehe und Recht, S. 124.

[116] Vgl. FN 197.

[117] Den Gerichten gelang es selten, einwandfrei festzustellen, welcher der beiden Ehegatten die Zerrüttung der Ehe schuldhaft verursacht hatte. Auch fehlten ausreichende und für jeden Fall verbindliche Maßstäbe dafür, wann das Verhalten eines Ehegatten eine Eheverfehlung darstellte. Weiterhin war der Richter gezwungen, den inneren Lebensbereich der Ehegatten zu erforschen. Der Streit um die Schuldfeststellung als Grundlage für das Scheidungsfolgenrecht verschärfte zudem unnötig die persönlichen Spannungen zwischen den Ehegatten. Schließlich wurde der Schuldausspruch überbewertet, weil auch einmalige schwere Eheverfehlungen nach jahrzehntelanger gut geführter Ehe zum Verlust von Unterhaltsansprüchen führten. vgl. BT-Drs. 7/650, S. 72 ff.

ersetzte er durch das 1. EheRG das Schuldprinzip durch das Zerrüttungsprinzip. Diesem liegt ein personales Eheverständnis zugrunde.[118] Danach wird die Ehe primär als vorrechtliches und psychisches Verhältnis unter den Ehegatten definiert (eheliche Gesinnung, eheliche Liebe). Das Recht soll der Ehe die äußere Form und die Anerkennung durch die Gesellschaft verleihen.[119] Aus diesem Eheverständnis ergibt sich, daß eine Ehe auf Antrag geschieden werden kann, wenn feststeht, daß die geistige und seelische Gemeinschaft der Ehegatten erloschen ist.[120] Ein hiervon abweichendes Rechts- oder Moralempfinden der Kinder darf keinen besonderen Grund i.S. des § 1568 1. Fall BGB darstellen. Ansonsten bestünde die Gefahr, daß das vom Gesetzgeber gewollte Zerrüttungsprinzip durch hiervon abweichende weltanschauliche Rechts- oder Moralvorstellungen der Kinder unterlaufen würde.[121] Insbesondere könnten durch die Anwendung dieser Fallgruppe Eheverfehlungen und das Zerrüttungsverschulden und damit Grundsätze des Verschuldensprinzips wieder „legal" Einfluß auf das Scheidungsrecht nehmen. Der Scheidungsantrag ist daher nicht gemäß § 1568 1. Fall BGB abzuweisen, wenn die Scheidung einer gescheiterten Ehe den Rechts- oder Moralempfindungen eines von der Scheidung betroffenen Kindes widerspricht.

Eine Berücksichtigung von Religionsempfindungen ist ebenfalls nicht zulässig. Nur kirchliche und weltanschauliche Vereinigungen dürfen für ihr Eheverständnis werben und dieses für ihre Mitglieder als verbindlich erklären. Der Staat kann und darf das aber nicht. Denn aus der Gewährleistung der Religionsfreiheit in Art. 4 I GG und aus Art. 137 I WRV – „Es besteht keine Staatskirche" – ergibt sich das Prinzip der Trennung von Staat und Kirche.[122] Der Staat ist daher zu religiöser Neutralität verpflichtet.[123] Dementsprechend liegt auch der Verfassung das Bild der „verweltlichten" bürgerlichrechtlichen Ehe und nicht das Ehebild einer bestimmten christlichen Konfession zugrunde.[124] Die Anwendung des § 1568 1. Fall BGB widerspräche diesem Neutralitätsgebot,

---

[118] Gernhuber/Coester-Waltjen, Familienrecht, § 27 I. 2, S. 310; BGB/RGRK-Graßhof Vorbemerkung zu § 1564 Rnr. 11; Diederichsen NJW 1977, 273 (274).

[119] Schwab FamRZ 1976, 491 (493) m.w.N.; Schwab, Stimmen der Zeit 1975, 313 ff.; Staudinger-Rauscher Vorbemerkung zu §§ 1564–1568 Rnr. 5.

[120] BVerfG NJW 1980, 689 (689).

[121] MünchKomm-Wolf, 3. Auflage, § 1568 1. Fall BGB Rnr. 25; BGB/RGRK-Graßhof § 1568 Rnr. 32.

[122] Maunz/Dürig/Herzog Art. 4 Rnr. 19; Jarass/Pieroth Art. 4 Rnr. 4. m.w.N.

[123] BVerfGE 24, 236 (246).

[124] BVerfG NJW 1980, 689 (689).

wenn die Ehe – wie im eingangs erwähnten Fall des OLG Schleswig – wegen der kanonischen Auffassung des Kindes von der Unscheidbarkeit der Ehe bis zu dessen Volljährigkeit nicht geschieden werden dürfte.

Die Rechts-, Moral- und auch Religionsempfindungen eines Kindes müssen allerdings dann zur Aufrechterhaltung der Ehe nach § 1568 1. Fall BGB führen, wenn ein Kind außerstande ist, die Wertspannungen zwischen seinen Vorstellungen und denen des Gesetzgebers zu verarbeiten, und der Scheidungsausspruch deshalb die Gefahr beinhaltet, daß er zu einer psychischen Ausnahmesituation des Kindes führen würde. Anknüpfungspunkt für die Kinderschutzklausel des § 1568 1. Fall BGB ist dann aber nicht die – aus welchem Grunde auch immer – scheidungsablehnende Haltung der Kinder, sondern die sich aus dem Scheidungsausspruch für die Kinder ergebende seelische Gefährdung.[125] Ein solcher Fall wäre deshalb der Fallgruppe 2 – psychische Ausnahmesituationen – zuzuordnen.

c) Ergebnis zu 1

Die Kinderschutzklausel des § 1568 1. Fall BGB ist nicht auf Fallgruppe 1 „Beeinträchtigung von Rechts-, Moral- und Wertempfindungen" anzuwenden.

2. Fallgruppe 2: Psychische Ausnahmesituation

a) Rechtsprechung zu § 48 III EheG 46

In der Rechtsprechung zu § 48 III EheG 46 wurde die Fallgruppe der psychischen Ausnahmesituationen nicht behandelt.

b) Anwendbarkeit des § 1568 1. Fall BGB auf Fallgruppe 2

aa) Psychiatrische Forschungsergebnisse

Bevor geprüft wird, inwieweit psychische Ausnahmesituationen des Kindes den Einsatz des § 1568 1. Fall BGB erfordern, soll ein kurzer Überblick über

[125] Staudinger-Rauscher § 1568 Rnr. 61.

zwei grundlegend verschiedene soziologische Forschungsergebnisse bezüglich der Auswirkungen der Ehescheidung auf das psychische Befinden der minderjährigen Kinder gegeben werden.

Die psychiatrischen Untersuchungen des Schweizers Haffter ergaben Anfang der sechziger Jahre, daß die Scheidung einer zerrütteten Ehe in der Mehrzahl positiven Einfluß auf die psychische Befindlichkeit der Kinder hat. Haffter untersuchte Kinder aus 100 geschiedenen Ehen, die er aus Scheidungsfällen des Baseler Zivilgerichts herausgegriffen hatte. Dabei stellte er fest, daß das Milieu, in welchem die Scheidungskinder aufwuchsen, in zwei Dritteln der Fälle wegen schwerer Zerrüttung der Ehe schon mehrere Jahre vor der Scheidung ausgesprochen ungünstig für die Kinder war. Die Hälfte der Kinder zeigten vor der Auflösung des Haushaltes Symptome psychischer Schädigung. So bejahten denn auch 70 der befragten Kinder die Scheidung als günstige Wendung ihres Schicksals, während lediglich 30 Kinder diese bedauerten.[126] Nach diesen Untersuchungsergebnissen dient die Aufrechterhaltung einer gescheiterten Ehe in der Regel nicht der psychischen Befindlichkeit der Kinder.

Zu anderen Ergebnissen gelangen dagegen die neueren Forschungen von Kelly und Wallerstein. Diese führten zu dem Ergebnis, daß Kinder aller Altersklassen mit zum Teil erheblichen Verhaltensstörungen auf den Verlust eines Elternteils reagierten. Kelly und Wallerstein stellten folgendes fest: Bei Kindern im Alter von 2½ Jahren wurden vermehrt verstärkte Irritiertheit, Angstzustände, gesteigerte Aggressivität und Trotzverhalten festgestellt. Kinder zwischen 3½ und 5 Jahren reagierten überwiegend in hohem Maße verstört auf den Verlust des Vaters. Sie waren gehemmt, wiesen ein vermindertes Selbstwertgefühl auf und litten unter wachsender Traurigkeit. In der Altersgruppe der 5–6jährigen wurde teilweise mangelnde Konzentrationsfähigkeit, ein ausgeprägtes Tagträumen und eine schlechte Beziehung zu Mitschülern festgestellt. Bei den Kindern im Alter von 7–8 Jahren zeigte sich als eindrucksvollstes Symptom anhaltende Traurigkeit. 9–12jährige Kinder litten verstärkt unter Schamgefühlen, die sich zum einen auf das eheliche Verhalten bezogen, zum anderen auf die empfundene Ablehnung des aus der Ehe strebenden Ehegatten.[127]

---

126 Haffter, Kinder aus geschiedenen Ehen, S. 160 ff.

127 Forschungsergebnisse von Kelly und Wallerstein, abgedruckt bei Fthenakis/Niesel/Kunze, Ehescheidung: Konsequenzen für Eltern und Kinder, S. 142 ff. und bei Henrich, in: Festschrift für Müller-Freienfels, S. 289 (318 f.). Zu ähnlichen Ergebnissen kamen in einer Langzeitstudie Wallerstein und Blankeslee, Gewinner und Verlierer, S. 347 ff.

bb) Möglichkeit zur Prüfung der Familiensituation

Der kurze Überblick über die verschiedenen soziologischen Forschungsergebnisse hat deutlich gemacht, daß sich bei der Beantwortung der schwierigen Frage, inwieweit die psychischen Belange der minderjährigen Kinder im Rahmen des § 1568 1. Fall BGB zu berücksichtigen sind, globalisierende Aussagen verbieten. Das psychische Interesse der Kinder an der Aufrechterhaltung einer gescheiterten Ehe ist nicht vom Grad der Zerrüttung des Ehegattenverhältnisses abstrahierbar. Die im Regierungsentwurf zum 1. EheRG enthaltene Behauptung, daß das Kindeswohl in einer gescheiterten Ehe generell mehr beeinträchtigt sei als bei einer geschiedenen Ehe,[128] ist daher ebenso verfehlt, wie die Aussage Ambrocks: „Der Hospitalisierungseffekt, etwa bei notwendiger Heimunterbringung von Kindern als Scheidungsfolge, ist in seinen schädlichen Folgen stärker als das Aufwachsen von Kindern in gescheiterten Ehen."[129] Nur eine subtile Einzelfallprüfung der konkreten Familiensituation kann Aufschluß darüber geben, ob im Hinblick auf die psychischen Belange der minderjährigen Kinder eine Aufrechterhaltung der gescheiterten Ehe sinnvoll ist. Fraglich ist jedoch, ob eine solche Prüfung bei jedem der Nachweistatbestände der §§ 1565, 1566 BGB tatsächlich möglich ist.

(1) Scheidung aus dem Grundtatbestand

Erfolgt die Ehescheidung nach dem Grundtatbestand des § 1565 I BGB, ist das Gericht von Amts wegen verpflichtet, das Scheitern der Ehe zu prüfen. Nach der Begriffsbestimmung des § 1565 I 2 BGB ist hierzu die Feststellung erforderlich, daß die Lebensgemeinschaft der Ehegatten nicht mehr besteht, sowie die Prognose, daß ihre Wiederherstellung nicht mehr erwartet werden kann. Auf Grund dieser Prüfungen hat das Gericht die Möglichkeit, eine sub-

---

[128] BT-Drs. 7/650, S. 118, vgl. 2. Regierungsentwurf, § 3 B. 4.; Böhmer JR 1977, 45 (47); Lücke, in: Festschrift für Bosch, S. 627 (643).

[129] Ambrock FamRZ 1978, 314 (315). Zweifellos können auch in Kinderheimen psychisch gesunde Menschen hervorgebracht werden, vgl. Lempp, die Ehescheidung und das Kind, S. 10; Der Begriff Hospitalismus ist durch die Arbeiten von Spitz bekannt geworden, der Heim- und Windelkinder beobachtete. Er beschreibt Störungen oder nachhaltige Schäden in der kindlichen Entwicklung durch das Fehlen einer stabilen Beziehung zu einer primären Bezugsperson. Vgl. hierzu Fthenakis, in: Brühler Schriften zum Familienrecht 1983, S. 44.

stantiierte Aussage darüber zu treffen, ob es im Einzelfall sinnvoll ist, eine gescheiterte Ehe im Hinblick auf das psychische Wohl der minderjährigen Kinder aufrechtzuerhalten. Die Scheidung aus dem Grundtatbestand des § 1565 I BGB verliert jedoch in der zivilrechtlichen Praxis zunehmend an praktischer Bedeutung. Während im Jahre 1979 noch 31,8 % der Scheidungen auf Grund des § 1565 I BGB ausgesprochen wurden, waren es im Jahre 1990 nur noch 20,7 %. Hier zeigt sich deutlich, daß immer mehr Ehegatten versuchen, einer Durchleuchtung ihrer Privat- und Intimsphäre aus dem Wege zu gehen.

(2) Scheidung aus den Vermutungstatbeständen

Von der Möglichkeit der Scheidung auf Grund der Vermutungstatbestände des § 1566 BGB wird in der zivilrechtlichen Praxis zunehmend Gebrauch gemacht. Diese stehen mittlerweile mit 75 % – 1979 waren es lediglich 57 % – an der Spitze der Nachweistatbestände.[130] Nach § 1566 I BGB wird bei einjährigem Getrenntleben das Scheitern der Ehe unwiderlegbar vermutet, wenn beide die Scheidung beantragen oder der Antragsgegner der Scheidung zustimmt. Nach § 1566 II BGB wird das Scheitern der Ehe unwiderlegbar vermutet, wenn die Ehegatten bereits seit drei Jahren getrennt leben. Für die Feststellung des Getrenntlebens i.S. des § 1566 I und II BGB gelten die Voraussetzungen des § 1567 I 1 BGB. Zu diesen gehört, daß die Ablehnung der häuslichen Gemeinschaft auf der Ablehnung der ehelichen Lebensgemeinschaft beruht. In den Tatbestand des § 1567 I 1 BGB ist somit ein Element des Scheiterns der Ehe, nämlich die fehlende Bereitschaft zur ehelichen Lebensgemeinschaft, aufgenommen worden. Die Auslegung dieses sogenannten „subjektiven Definitionselements“ ist streitig.

Wolf weist unter Berufung auf die Entstehungsgeschichte des § 1567 I 1 BGB darauf hin, dieser sei dahingehend anzuwenden, daß bis auf die Eheprognose alle Voraussetzungen des Scheiterns der Ehe nach § 1565 I 2 BGB zu prüfen sind. Hiernach hat das Gericht die völlige Abkehr und innere Entfremdung der Ehegatten genau festzustellen.[131] Auf Grund dieser Prüfung ist das Ge-

---

[130] Vgl. MünchKomm-Wolf, 3. Auflage, Vorbemerkung zu § 1564 Rnr. 32.

[131] MünchKomm-Wolf, 3. Auflage, § 1567 Rnr. 15 b und 45. Im Ergebnis wohl ebenso Diederichsen NJW 1977, 273 (277), der eine räumliche Loslösung vom Ehegatten in ehefeindlicher Absicht verlangt.

richt in der Lage, auch bei einer Scheidung aus den Vermutungstatbeständen des § 1566 BGB eine substantiierte Aussage darüber zu treffen, ob es im Einzelfall tatsächlich sinnvoll ist, die gescheiterte Ehe im Hinblick auf das psychische Wohl der minderjährigen Kinder aufrechtzuerhalten.

Das überwiegende Schrifttum und der BGH wenden sich jedoch gegen eine solche „kleine Zerrüttungsprüfung" im Rahmen des § 1567 I 1 BGB.[132] Hiernach darf das Gericht bei einer Scheidung nach § 1566 BGB den Grad der Zerrüttung der Ehe nicht mehr feststellen. Diese Auffassung hat zwangsläufig zur Folge, daß die Gerichte – obwohl sie von Amts wegen verpflichtet sind, das Eingreifen der Kinderschutzklausel bei jeder Ehescheidung zu prüfen[133] – bei einer Scheidung nach § 1566 BGB keine Aussage darüber treffen können, ob im Hinblick auf die psychischen Belange der Kinder eine Aufrechterhaltung der gescheiterten Ehe tatsächlich sinnvoll ist.

Die Entstehungsgeschichte des § 1567 I 1 BGB spricht in der Tat für die Auffassung von Wolf. Nach dem Regierungsentwurf sollte § 1567 I 1 BGB nämlich wie folgt lauten: „Die Ehegatten leben getrennt, wenn zwischen ihnen keine häusliche Gemeinschaft besteht und ein Ehegatte deren Herstellung erkennbar ablehnt."[134] Die zum Gesetz gewordene Fassung sieht darüber hinaus die Einbeziehung der ehelichen Lebensgemeinschaft vor. Diese Änderung geht auf Betreiben des Bundesrates zurück.[135] Betrachtet man diese Entwicklung vor dem Hintergrund, daß sich der Bundesrat während des gesamten Gesetzgebungsverfahrens vehement dafür ausgesprochen hat, die Fristenscheidung des § 1566 BGB zu entschärfen,[136] so ist Wolf nach der Entstehungsgeschichte des

---

[132] BGH FamRZ 1989, 479 (480); OLG Hamm FamRZ 1990, 166 (167); Johansen/Henrich-Jäger § 1567 Rnr. 4; Rolland, Kommentar zum Ersten Eherechtsreformgesetz, § 1567 Rnr. 6; Schwab FamRZ 1976, 491 (500); Staudinger-Rauscher § 1567 Rnr. 14; BGB/RGRK-Graßhof § 1567 Rnr. 19; Gernhuber/Coester-Waltjen, Familienrecht, § 27 VII. 3, S. 334.

[133] Vgl. § 5 A II.

[134] BT-Drs. 7/650, S. 8 und 113 ff.; BT-Drs. 7/4361, S. 87.

[135] BT-Drs. 7/650, S. 261.

[136] Der Bundesrat und eine Minderheit im Rechtsausschuß traten während des gesamten Gesetzgebungsverfahrens dafür ein, die Zerrüttungsvermutungen des § 1566 BGB als widerlegbare Vermutungen auszugestalten, vgl. BT-Drs. 7/4361, S. 12 ff.; Erst im Vermittlungsausschuß einigten sich Bundestag und Bundesrat auf die geltende Fassung des § 1566 BGB. Vgl. Habscheid, in: Festschrift für Bosch, S. 355 (355); Roland § 1566 Rnr. 1 m.w.N.

§ 1567 I 1 BGB zuzustimmen, daß das Gericht die völlige Abkehr und innere Entfremdung der Ehegatten genau festzustellen hat.

Trotz dieser richtigen historischen Interpretation spricht sich jedoch das überwiegende Schrifttum und der BGH richtigerweise gegen eine solche „kleine Zerrüttungsprüfung“ im Rahmen des § 1567 I 1 BGB aus.[137] Zutreffend wird darauf abgestellt, daß eine solche Prüfung Sinn und Zweck des § 1566 BGB widerspreche. Der Normzweck des § 1566 BGB besteht nämlich darin, die Feststellung des endgültigen Scheiterns der Ehe zu erleichtern und das bei einer alleinigen Anwendung des § 1565 I 2 BGB oft unvermeidbare Eindringen in die Privat- und Intimsphäre der Ehegatten unnötig zu machen.[138] Diese vom Gesetzgeber gewollte Schonung der Privat- und Intimsphäre der Ehegatten ist aber unmöglich, wenn wesentliche Bestandteile des psychologischen Tatbestandes der Zerrüttung auch in die Feststellung des Getrenntlebens nach § 1567 I 1 BGB hineingetragen und dort umfassend gewürdigt würden. Die Funktion des subjektiven Elements des § 1567 I 1 BGB kann daher ausschließlich darin bestehen, nicht ehebedingte Trennungen aus dem Anwendungsbereich des § 1567 I 1 BGB auszusondern.

(3) Ergebnis zu bb

Die Gerichte haben bei richtiger Auslegung des § 1567 I 1 BGB nur bei einer Scheidung aus dem Grundtatbestand des § 1565 I BGB die Möglichkeit, die konkrete Familiensituation zu untersuchen und den Grad der Zerrüttung der Ehe festzustellen. Einen auf die unwiderlegbaren Vermutungen des § 1566 BGB gestützten Scheidungsantrag aus Gründen der psychischen Entwicklung der minderjährigen Kinder abzuweisen, wäre daher eine unverantwortliche Maßnahme ins Blaue hinein. Hierin dürfte einer der Gründe für die Zurückhaltung der Gerichte bei der Anwendung des § 1568 1. Fall BGB liegen.

---

[137] BGH FamRZ 1989, 479 (480); OLG Hamm FamRZ 1990, 166 (167); Johansen/Henrich-Jäger § 1567 Rnr. 4; Rolland, Kommentar zum Ersten Eherechtsreformgesetz, § 1567 Rnr. 6; Schwab FamRZ 1976, 491 (500); Staudinger-Rauscher § 1567 Rnr. 14; BGB/RGRK-Graßhof § 1567 Rnr. 19; Gernhuber/Coester-Waltjen, Familienrecht, § 27 VII. 3, S. 334.

[138] BT-Drs. 7/4361, S. 11.

cc) Tatsächlicher Anwendungsbereich des § 1568 1. Fall BGB

Selbst wenn man aber den Gerichten bei allen Ehescheidungen, bei denen minderjährige Kinder betroffen sind, die Möglichkeit einräumen würde, stets die konkrete Familiensituation eingehend zu untersuchen,[139] wäre das im Einzelfall nach den Forschungsergebnissen von Kelly und Wallerstein bestehende psychische Interesse der minderjährigen Kinder am Erhalt der Familie mit der Anwendung des § 1568 1. Fall BGB nicht zu befriedigen. Denn der Verlust eines Elternteils kann den Kindern aus folgenden Gründen nicht erspart werden:

(1) Auswirkung der Trennungsfristen

Das Getrenntleben der Eheleute hat im materiellen Scheidungsrecht seit dem 1. EheG eine Schlüsselstellung erhalten. Alle vier Scheidungstatbestände der §§ 1565, 1566 BGB können erst dann angewendet werden, wenn feststeht, ob und wie lange die Eheleute getrennt leben. Abgesehen von den Härtefällen des § 1565 II BGB[140], ist eine Mindesttrennungszeit von einem Jahr gemäß §§ 1565, 1566 BGB zwingende Voraussetzung für die Scheidung einer Ehe. § 1568 1. Fall BGB kommt somit zwangsläufig erst zu einem Zeitpunkt zur Anwendung, zu dem die Ehegatten bereits seit mindestens einem Jahr getrennt voneinander leben. Trennungsbedingte Härten, die auf der Auflösung der Familie beruhen, können den Kindern daher nicht erspart werden.

Dies gilt auch dann, wenn die Eheleute nach § 1567 I 2 BGB innerhalb der ehelichen Wohnung getrennt leben. Mit Rücksicht auf die unwiderlegbaren Vermutungen des § 1566 II BGB werden hieran zu Recht strenge Anforderun-

---

[139] Hierfür in der Tat Soergel-Heintzmann § 1568 Rnr. 18, der darauf abstellt, daß die Gerichte bei der Anwendung des § 1568 BGB nicht an die Vermutungen des § 1566 BGB gebunden seien sollten.

[140] § 1568 1. Fall BGB stellt zwar grundsätzlich eine Einwendung gegen jeden der vier Nachweistatbestände dar. § 1565 II BGB liegt jedoch eine Familiensituation zu Grunde – starker Alkoholmißbrauch, grobe Ehrverletzungen und fortwährende körperliche Mißhandlungen des Antragstellers (vgl. hierzu MünchKomm-Wolf, 3. Auflage, § 1565 Rnr. 84 ff.) –, die eine Aufrechterhaltung der Ehe auf Grund immaterieller Interessen der Kinder als ausgeschlossen erscheinen läßt.

gen gestellt.[141] In Anlehnung an die Rechtsprechung zu § 48 EheG 46 wird überwiegend verlangt, daß die Ehegatten das nach den realen Möglichkeiten des Einzelfalls erreichbare Höchstmaß an Absonderung in allen Lebensbereichen herbeiführen.[142] Bei Familien mit Kindern sind lediglich notwendige Absprachen über die Erziehung und Versorgung der Kinder sowie die gelegentliche Einnahme gemeinsamer Mahlzeiten mit diesen erlaubt.[143]

(2) Recht zum Getrenntleben

Dem Wortlaut des § 1568 1. Fall BGB ist klar zu entnehmen, daß dieser erst zur Anwendung kommt, wenn die Ehe bereits gescheitert ist. In einer gescheiterten Ehe haben die Ehegatten gemäß § 1353 II 2. Fall BGB das Recht, getrennt zu leben.

Fraglich ist, ob dieses Recht dann besteht, wenn der Scheidungsantrag wegen entgegenstehender Kindesinteressen gemäß § 1568 1. Fall BGB abgewiesen wird. Nach dem Wortlaut des § 1353 II 2. Fall BGB führt allein das Scheitern der Ehe zum Wegfall der Verpflichtung zur ehelichen Lebensgemeinschaft. Der Antrag des Bundesrates, diesen dahingehend zu fassen, daß nur derjenige ein Recht zum Getrenntleben haben soll, der auch die Scheidung der Ehe verlangen kann,[144] fand im Vermittlungsausschuß keine Mehrheit und war demnach vom Gesetzgeber nicht gewollt. Die Entstehungsgeschichte des § 1353 II 2. Fall BGB spricht somit entscheidend dafür, daß die Ehegatten auch dann getrennt leben dürfen, wenn § 1568 1. Fall BGB greift.[145]

---

[141] Schlüter, Familienrecht, § 16 III. 1, S. 115.

[142] BGB/RGRK-Graßhof § 1567 Rnr. 37 m. w. N.

[143] MünchKomm-Wolf, 3. Auflage, § 1567 Rnr. 30; Staudinger-Rauscher § 1567 Rnr. 58; Rolland, Kommentar zum Ersten Eherechtsreformgesetz, § 1567 Rnr. 2 d; Johansen/ Henrich-Jäger § 1567 Rnr. 26; BGB/RGRK-Graßhof § 1567 Rnr. 41; OLG Köln FamRZ 1982, 1014 (1014); OLG Köln FamRZ 1982, 807 (808); noch restriktiver OLG Köln 1978, 34 (35).

[144] BR-Drs. 1/76, S. 17.

[145] Im Ergebnis ebenso: Lücke AcP 1978, 1 (8); Rolland, Kommentar zum Ersten Eherechtsreformgesetz, § 1353 Rnr. 39; Staudinger-Hübner § 1353 Rnr. 150; Gernhuber/ Coester-Waltjen, Familienrecht, § 18 VI. 5, S. 179 FN 11; Graßhof, in: Festschrift für Zeidler, S. 837 (852); OLG Köln FamRZ 1981, 959 (959); Staudinger-Rauscher § 1568 Rnr. 41; BGB/RGRK-Graßhof § 1568 Rnr. 27.

Es muß daher davon ausgegangen werden, daß der oder die scheidungswilligen Ehegatten weiterhin getrennt voneinander leben, obwohl der Scheidungsantrag gemäß § 1568 1. Fall BGB abgewiesen wurde. Woran sich im übrigen auch dann nichts ändern würde, wenn § 1353 II 2. Fall BGB dahingehend interpretiert wird, daß den Ehegatten beim Eingreifen der Kinderschutzklausel das Recht zum Getrenntleben versagt wäre. Die Verletzung einer solchen Pflicht – die von Teilen der Lehre mittlerweile nicht einmal mehr als echte Rechtspflicht bezeichnet wird[146] – bliebe nämlich für die aus der Ehe strebenden Ehegatten ohne nachteilige Rechtsfolgen. Darüber hinaus wäre ein Urteil auf die Herstellung des ehelichen Lebens gemäß § 888 II ZPO nicht vollstreckbar. Die faktische Trennung der Ehegatten ist somit mit Mitteln des Rechts nicht zu verhindern.

(3) Ergebnis zu cc

Den Kindern kann durch die Abweisung des Scheidungsantrages gemäß § 1568 1. Fall BGB nur die Aufrechterhaltung des formalen Ehebandes und nicht der Erhalt der Familie gegeben werden.[147] Im Rahmen des § 1568 1. Fall BGB können daher auch nur solche psychischen Beeinträchtigungen der Kinder berücksichtigt werden, die sich aus dem Scheidungsausspruch ergeben.

dd) Suizidgefahr

Eine mit dem Scheidungsausspruch verbundene Suizidgefahr stellt den einzigen Grund dar, der seit Inkrafttreten des 1. EheRG zur Abweisung eines Scheidungsantrages gemäß § 1568 1. Fall BGB geführt hat.[148] Das OLG Hamburg hatte den Scheidungsantrag gemäß § 1568 1. Fall BGB zurückgewiesen, da die 11 und 12 Jahre alten Kinder – die bereits drei Jahre getrennt von ihrem Vater

---

[146] John, Grundzüge des Familienrechts, Rnr. 51.

[147] Im Ergebnis ebenso: Gernhuber/Coester-Waltjen, Familienrecht § 27 V. 4, S. 327; Rolland, Kommentar zum Ersten Eherechtsreformgesetz, § 1568 Rnr. 31; Staudinger-Rauscher § 1568 Rnr. 41; Graßhof, in: Festschrift für Zeidler, S. 837 (852); AK/BGB-Lange-Klein § 1568 Rnr. 13; Soergel-Heintzmann § 1568 Rnr. 10.

[148] OLG Hamburg FamRZ 1986, 469 (469).

lebten – für den Fall der Ehescheidung angedroht hatten, sich umzubringen. Die Kinder hatten das Denkschema der Mutter – die nach Aussagen des Gutachters selbst therapiebedürftig war – übernommen und sich in die Vorstellung verrannt, daß die Scheidung der Eltern und nicht deren Trennung als Auflösung der Familie zu werten sei. Die Kinder gingen davon aus, daß sie nach der Scheidung keinen Vater mehr hätten und empfanden die Ehescheidung der Eltern als öffentlichen Makel.[149]

Der Entscheidung des OLG Hamburg ist beizupflichten. Die konkret vorhandene Gefahr der Selbsttötung eines minderjährigen Kindes stellt einen besonderen Grund dar, der die Aufrechterhaltung der Ehe ausnahmsweise notwendig machen kann.[150] Der Grundrechtsschutz der Kinder aus Art. 2 II 1 GG läßt in einem solchen Fall keine andere Auslegung zu.[151] Eine Interessenabwägung zwischen den Belangen der minderjährigen Kinder und der Ehegatten muß hier dazu führen, daß die Wiederverheiratungsinteressen der Ehegatten hinter die vitalen Interessen der minderjährigen Kinder zurücktreten.

Besteht die Gefahr der Selbsttötung, so greift § 1568 1. Fall BGB auch unabhängig davon ein, wer den psychischen Ausnahmezustand des Kindes herbeigeführt hat. Ein verantwortungsloses Fehlverhalten des Antraggegners – wie im Fall des OLG Hamburg – darf keinesfalls zum Ausschluß des § 1568 1. Fall BGB führen.[152] Denn die Kinderschutzklausel ist eine Schutzvorschrift zugunsten der minderjährigen Kinder und daher in ihrer Anwendung nicht vom Verhalten des Antraggegners abhängig. Aus diesem Grunde verbieten sich auch Vereinbarungen der Parteien über einen Ausschluß des § 1568 1. Fall BGB.[153] Allerdings gebietet ein solches Fehlverhalten eines Elternteils Konsequenzen bei der Verteilung der Sorgeberechtigung, da dessen Erziehungsfähigkeit zu verneinen sein dürfte.

---

[149] OLG Hamburg FamRZ 1986, 469 (470).

[150] Soergel-Heintzmann § 1568 Rnr. 20; Erman-Dieckmann § 1568 Rnr. 10; Palandt-Diederichsen, 55. Auflage, § 1568 Rnr. 3; Staudinger-Rauscher § 1568 Rnr. 56; BGB/RGRK-Graßhof § 1568 Rnr. 33; Johansen/Henrich-Jäger § 1568 Rnr. 17; Graßhof, in: Festschrift für Zeidler, S. 837 (854).

[151] So auch zutreffend das OLG Hamburg FamRZ 1986, 469 (470).

[152] Bleibt mit Graßhof zu hoffen, daß dieser Fall scheidungsunwillige Elternteile nicht zur Nachahmung ähnlicher Erziehungssünden verleiten wird (Graßhof, in: Festschrift für Zeidler, S. 837 (854)).

[153] Knüttel FamRZ 1985, 1089 (1096).

§ 1568 1. Fall BGB ist im Hinblick auf den Grundrechtsschutz der Kinder aus Art. 2 II 1 GG weiterhin unabhängig davon anwendbar, ob ein Kind die Selbstmorddrohung zunächst nur als Druckmittel gegen die Eltern verwendet hat, solange es im Zeitpunkt der Scheidung tatsächlich suizidgefährdet ist.[154] Das Gericht wird allerdings nicht ohne die sachverständige Beratung eines Psychologen auskommen, um die Gefahr einer angekündigten Selbsttötung tatsächlich abschätzen zu können.[155] In solchen Fällen ist eine Zusammenarbeit von Juristen und Psychologen geboten.

ee) Symptome unterhalb der Suizidschwelle

Fraglich ist, ob und wenn ja, bis zu welchen Symptomen unterhalb der Suizidschwelle psychische Reaktionen des Kindes auf den Scheidungsausspruch das Eingreifen der Kinderschutzklausel rechtfertigen können. In der Lehre besteht hierüber keine Einigkeit. Nach Dieckmann genügt eine „schwere psychische Belastung“[156], Jäger verlangt eine „schwere Identitätskrise“[157], Rauscher fordert einen anhaltenden – gutachterlich nachweisbaren – „psychischen oder psychosomatischen Schaden“ des Kindes.[158]

Mit dem restriktiven Wortlaut des § 1568 1. Fall BGB „aus besonderen Gründen“, „ausnahmsweise“ ist es keinesfalls zu vereinbaren, diesen schon dann anzuwenden, wenn das Kind durch die Scheidung nur seelisch getroffen wird.[159] Denn Betroffenheit ist eine normale Reaktion auf die Ehescheidung der Eltern, da den Kindern nun das endgültige Scheitern der Ehe ihrer Eltern vor Augen geführt wird. Dieses Schicksal haben alle Kinder aus geschiedenen Ehen. Der Wortlaut des § 1568 1. Fall BGB weist daher in die Richtung, daß der Scheidungsausspruch für die Kinder eine erhebliche psychische Belastung darstellen muß.

---

[154] Soergel-Heintzmann § 1568 Rnr. 20.

[155] MünchKomm-Wolf, 3. Auflage, § 1568 Rnr. 26; Soergel-Heintzmann § 1568 Rnr. 20.

[156] Erman-Dieckmann § 1568 Rnr. 9.

[157] Johansen/Henrich-Jäger § 1568 Rnr. 17; wohl auch MünchKomm-Wolf, 3. Auflage, § 1568 Rnr. 26.

[158] Staudinger-Rauscher § 1568 Rnr. 59.

[159] OLG Zweibrücken FamRZ 1982, 293 (294).

Eine weitergehende Konkretisierung ergibt sich aus einer verfassungskonformen Auslegung des § 1568 1. Fall BGB. Das Scheidungsverbot des § 1568 1. Fall BGB ist ein Wiederverheiratungsverbot und greift deshalb in die durch Art. 6 I GG geschützte Eheschließungsfreiheit ein.[160] Art. 6 I GG ist kein Gesetzesvorbehalt beigefügt. Eine Rechtfertigung dieses Eingriffs kann sich daher nur aus verfassungsimmanenten Schranken ergeben.[161] Das Grundrecht des Art. 2 II 1 2. Fall GG schützt die körperliche Unversehrtheit. Zu dieser gehören sowohl Beeinträchtigungen des Körpers als auch der Gesundheit.[162] Fraglich ist jedoch, ob sich Art. 2 II 1 2. Fall GG ausschließlich auf den Schutz in biologisch-physiologischer Hinsicht beschränkt oder ob er auch den geistig-seelischen Bereich schützt. In der Lehre besteht weitgehend Einigkeit, daß die Ungestörtheit des geistig-seelischen und sozialen Wohlbefindens im Sinne der umfassenden Gesundheitsdefinition der Weltgesundheitsorganisation[163] nicht vom Schutzbereich des Art. 2 II 1 2. Fall GG erfaßt wird.[164] Seelische Beeinträchtigungen werden vielmehr erst dann als Beeinträchtigung der körperlichen Unversehrtheit bewertet, wenn sie körperlichem Schmerz gleichkommen oder die Gefahr besteht, daß sie zu körperlichen Beeinträchtigungen führen können.[165] Das BVerfG hat z.B. eine psychische Beeinträchtigung in Form einer „progressiven endogenen Depression" als relevant im Sinne des Art. 2 II 1 2. Fall GG angesehen.[166] Psychische Reaktionen der minderjährigen Kinder auf den Scheidungsausspruch fallen daher erst dann in den Schutzbereich des Art. 2 II 1 2. Fall GG, wenn die Gefahr besteht, daß sie zu einem psychosomatischen Schaden der Kinder führen würden. Ein solcher ist anzunehmen, wenn die Kinder z.B. mit Depressionen, Schlafstörungen, Angstzuständen oder Magersucht reagieren. In

---

[160] Vgl. § 7 A III 2 b.

[161] Vgl. § 7 A III 2 b.

[162] BVerfGE 56, 54 (74); Kunig, in: v.Münch I, Art. 2 Rnr. 62; v.Mangoldt/Klein/Starck, GG, Art. 2 Rnr. 130; Schmidt-Aßmann AöR 1981, 205 (209).

[163] Diese definiert Gesundheit als einen Zustand des „vollständigen körperlichen, geistigen und sozialen Wohlbefindens und nicht nur das Freisein von Krankheiten und Gebrechen" – zitiert in BVerfGE 56, 54 (74).

[164] v.Mangoldt/Klein/Starck, GG, Art. 2 Rnr. 130; Kunig, in: v.Münch I, Art. 2 Rnr. 62; Schmidt-Aßmann AöR 1981, 205 (209); Rauschning VVDStRL 1980, 167 (179); offengeblieben in BVerfGE 56, 54 (74).

[165] Kunig, in: v.Münch I, Art. 2 Rnr. 63; Lorenz, in: Handbuch des Staatsrechts, Band VI, § 128 Rnr. 17; v.Mangoldt/Klein/Starck, GG, Art. 2 Rnr. 130; für einen weitergehenden Schutz wohl Kloepfer, Zum Grundrecht auf Umweltschutz, S. 28.

[166] BVerfGE 52, 214 (215 und 220).

diesen Fällen haben die gesundheitlichen Belange der Kinder höheres Gewicht als die Freiheitsinteressen der scheidungswilligen Ehegatten, so daß der Eingriff in Art. 6 I GG durch Art. 2 II 1 2. Fall GG gerechtfertigt wäre.

c) Ergebnis zu 2

§ 1568 1. Fall BGB ist auf Fallgruppe 2 „Psychische Ausnahmesituation“ anzuwenden, wenn die Gefahr besteht, daß der Scheidungsausspruch zur Suizidgefahr oder zu einer psychischen Ausnahmesituation der minderjährigen Kinder führen würde.

II. Gefährdung der Erziehung und Fürsorge

1. Fallgruppe 1: Verlust einer Betreuungsperson bei behinderten und chronisch kranken Kindern

a) Rechtsprechung zu § 48 III EheG 46

In der Rechtsprechung zu § 48 III EheG 46 wurde diese Fallgruppe nicht behandelt.

b) Anwendbarkeit des § 1568 1. Fall BGB auf Fallgruppe 1

Eine der wenigen Entscheidungen zu § 1568 1. Fall BGB beschäftigte sich mit der Frage, ob der Verlust einer Betreuungsperson eines behinderten Kindes den Einsatz der Kinderschutzklausel erfordert. Das Gericht kam zu dem Ergebnis, daß § 1568 1. Fall BGB nicht anzuwenden ist, wenn sich ein Ehemann aus der Ehe löst und es unterläßt, seine Frau bei der Betreuung eines behinderten und nervenkranken Kindes zu unterstützen.[167]

---

[167] OLG Celle FamRZ 1978, 508 (508).

aa) „aus besonderen Gründen", „ausnahmsweise"

Aus den Tatbestandsmerkmalen „aus besonderen Gründen", „ausnahmsweise" wird deutlich, daß § 1568 1. Fall BGB die Kinder nicht vor den üblichen Erschwernissen, die mit einer Scheidung einhergehen, schützen will. Es muß vielmehr stets eine außergewöhnliche Fallgestaltung vorliegen.[168] Dabei muß es sich nicht um eine atypische Fallgestaltung handeln. Entscheidend ist, wie sich die konkrete Scheidungssituation auf das Kind auswirkt.[169] Behinderte und chronisch kranke Kinder benötigen – im Gegensatz zu gesunden Kindern – im besonderen Maße die Fürsorge durch beide Elternteile, da ihre Heilungschancen auch davon abhängen können, inwieweit sich die Eltern um sie bemühen.[170] In bezug auf behinderte Kinder ist daher ein „besonderer Grund", der die Aufrechterhaltung der Ehe erfordert, gegeben.

bb) „notwendig"

§ 1568 1. Fall BGB setzt jedoch weiterhin voraus, daß die Aufrechterhaltung der Ehe „notwendig" ist. Hieraus ergibt sich, daß dieser nur angewendet werden darf, wenn durch seinen Einsatz die zu erwartende Gefährdung der Kinder auch tatsächlich abgewendet oder zumindest gemildert werden kann.[171]

Fraglich ist, ob die Interessen der behinderten und chronisch kranken Kinder am Erhalt der Familie durch den Einsatz des § 1568 1. Fall BGB befriedigt werden können.

Dieckmann schlägt vor, der oder die Antragsteller müßten mit Hilfe der Kinderschutzklausel dazu bewegt werden, den Scheidungsantrag zurückzunehmen, um im Interesse der minderjährigen Kinder einen neuen Anfang der Ehe – wenn

---

[168] MünchKomm-Wolf, 3. Auflage, § 1568 Rnr. 22; Johansen/Henrich-Jäger § 1568 Rnr. 14; Staudinger-Rauscher § 1568 Rnr. 47; Rolland, Kommentar zum Ersten Eherechtsreformgesetz, § 1568 Rnr. 38.

[169] Schwab, in: Handbuch des Scheidungsrechts, Teil II. E. IV. 2. Rnr. 98.

[170] OLG Celle FamRZ 1978, 508 (509).

[171] Gernhuber/Coester-Waltjen, Familienrecht, § 27 V. 4, S. 326; MünchKomm-Wolf, 3. Auflage, § 1568 1. Fall BGB Rnr. 22; Staudinger-Rauscher § 1568 1. Fall Rnr. 43.

auch nur vorübergehend – zu versuchen.[172] Dies wäre für die behinderten und chronisch kranken Kinder eine wünschenswerte Lösung; sie ist jedoch mit der Anwendung des § 1568 1. Fall BGB nicht möglich. Dieser greift – wie bei der Fallgruppe „Psychische Ausnahmesituation" gezeigt – erst zu einem Zeitpunkt ein, zu dem die Ehegatten wegen der Trennungsfristen der §§ 1565, 1566 BGB seit mindestens einem Jahr getrennt leben und ein Ehegatte – bei einer einverständlichen Scheidung gemäß § 1566 I BGB sogar beide – die Bereitschaft zur Anteilnahme am Geschick des Partners, zur geistigen Gemeinschaft und gemeinschaftlichen Lebenshaltung verloren hat. Der Antrag auf Ehescheidung ist das Ergebnis eines längerwährenden Zerrüttungsprozesses. Er ist von den Prozeßparteien überlegt gestellt und für sie endgültig. Es wäre daher Wunschdenken, aber nicht Lebensrealität anzunehmen, daß sich der aus der Ehe strebende bzw. die aus der Ehe strebenden Ehegatten nur deshalb eines Besseren besinnen und die eheliche Lebensgemeinschaft wieder aufnehmen, weil der Richter die Scheidungsklage abweist und dazu ausführt, daß eine gemeinsame Betreuung des behinderten Kindes dringend geboten sei.[173]

So führt das OLG Celle in seiner Urteilsbegründung an: „Selbst wenn sich für das Kind eine wesentliche Verbesserung der Heilungschancen für den Fall ergeben würde, daß Vater und Mutter sich gleichermaßen um den Jungen bemühen, so war dies im Rahmen des § 1568 1. Fall BGB nicht zu berücksichtigen, da sich der Antragsteller entschieden dagegen erklärte, diese Rolle an der Seite seiner Frau zu übernehmen."[174]

Im übrigen stellt der Vorschlag Dieckmanns eine logische Unmöglichkeit dar. § 1568 1. Fall BGB setzt tatbestandlich voraus, daß die Ehe bereits gescheitert ist. Er kommt daher zu einem Zeitpunkt zur Anwendung, zu dem das Gericht entweder gemäß § 1565 I 2 BGB ausdrücklich festgestellt hat oder gemäß § 1566 BGB unwiderlegbar vermutet, daß die eheliche Gesinnung zwischen den

---

[172] Erman-Dieckmann § 1568 Rnr. 8; Henrich, in: Festschrift für Müller-Freienfels, S. 289 (320).

[173] Selbst der BGH hat sich im EheG 46 dieser Erkenntnis nicht verschlossen BGHZ 12, 111 (115): „Hierbei kann ... nicht ohne weiteres, wie es anscheinend das Berufungsgericht tun will, unterstellt werden, daß der Kläger trotz unheilbarer Zerrüttung seiner Ehe bei der Abweisung seines Scheidungsbegehrens die Familiengemeinschaft wieder herstellen wird."

[174] Das OLG Celle FamRZ 1978, 508 (508) verneinte hier den Einsatz des § 1568 1. Fall BGB allerdings in erster Linie deshalb, weil dem Kind jede Beziehung zu seinem Vater fehlte.

Ehegatten nicht mehr besteht und die Wiederaufnahme der ehelichen Lebensgemeinschaft ausgeschlossen ist. Die Kinderschutzklausel kommt daher zu einem Zeitpunkt zur Anwendung, zu dem das Gesetz davon ausgeht, daß ein Neubeginn der Ehe nicht mehr möglich ist.[175] Werden die oder der Antragsteller dennoch im Verlauf des Scheidungsverfahrens schwankend und ergibt sich deshalb die Möglichkeit eines Neubeginns, so ist die Ehe nicht gescheitert und darf bereits aus diesem Grunde nicht geschieden werden.

Dem möglichen Einwand, daß bei einer Aufrechterhaltung der Ehe eher die Aussicht besteht, daß sich der Antragsteller seiner Pflichten gegenüber dem Kind erinnert,[176] ist entgegenzuhalten, daß ein Antragsteller, der sich unabhängig vom Scheitern der Ehe dazu bereit erklärt, gewisse Betreuungsleistungen bezüglich des behinderten oder chronisch kranken Kindes zu übernehmen, diese nicht nur während des Getrenntlebens, sondern auch nach der Scheidung erbringen wird.[177]

c) Ergebnis zu 1

§ 1568 1. Fall BGB ist nicht auf Fallgruppe 1 „Verlust einer Betreuungsperson bei behinderten und chronisch kranken Kindern" anzuwenden. Allerdings ist bei dieser Fallgruppe stets zu prüfen, ob sich die Krankheit oder Behinderung des Kindes so auf den erziehungsberechtigten Ehegatten auswirkt, daß sie diesen überfordert und deshalb in seiner Person einen außergewöhnlichen Umstand i. S. der Ehegattenklausel des § 1568 2. Fall BGB darstellt.[178]

---

[175] Hierauf hat bereits Godin zu § 48 III EheG 46 in einer Anm. zur Entscheidung des BayObLG, SJZ 1949, 628 (630) zutreffend hingewiesen: „Der ganze § 48 leidet eben unter der Folgewidrigkeit, daß er eine unheilbare Ehezerrüttung voraussetzt, die naturgemäß mit der Aufhebung der Lebensgemeinschaft verbunden ist, und gleichwohl für den Fall der Abweisung der Klage das BGB die Wiederherstellung der Lebensgemeinschaft befiehlt. Man steht vor einer Antilogie, die nicht immer leicht zu lösen ist."

[176] So wurde zum Teil von der Rechtsprechung zum EheG 46 argumentiert: OLG Celle FamRZ 1963, 521 (523); OLG Oldenburg NJW 1947/48, 103 (104).

[177] Staudinger-Rauscher § 1568 Rnr. 53.

[178] Vgl. hierzu Ambrock FamRZ 1978, 898 (899) Anm. zur Entscheidung des OLG Celle FamRZ 1978, 508.

2. Fallgruppe 2: Sicherung der Erziehung durch beide Elternteile

a) Rechtsprechung zu § 48 III EheG 46

In der Rechtsprechung und Lehre zu § 48 III EheG 46 wurde immer wieder betont, daß minderjährige Kinder nicht nur die väterliche Hand und Autorität, sondern ebenso auch die mütterliche Nähe, Liebe und Fürsorge benötigen würden. Beide Erziehungsfaktoren, die ihrer Natur nach verschiedenartig seien, müßten für eine gedeihliche Entwicklung und Erziehung der Kinder zusammentreffen.[179]

Die Scheidungsklage wurde deshalb vom OLG Köln gemäß § 48 III EheG 46 abgewiesen, wenn ein Ehegatte bereits während des Getrenntlebens bestrebt war, die bei ihm lebenden minderjährigen Kinder der Einwirkung des anderen Ehegatten zu entziehen.[180] Zur Begründung wurde darauf abgestellt, daß der notwendige Einfluß beider Elternteile auf die Erziehung der Kinder während des Getrenntlebens eher gewährleistet sei, als bei einer Scheidung. Während des Getrenntlebens seien nämlich beide Ehegatten sorgeberechtigt, dagegen müsse nach der Ehescheidung die Personensorge der Kinder auf einen der Ehegatten übertragen werden.[181]

Richtig an dieser Argumentation war zwar, daß nach der Ehescheidung die Befugnisse des von der Sorge formal ausgeschlossenen Elternteils stets von der Bereitschaft des allein Sorgeberechtigten abhängig sind, diesen an der Erziehung der Kinder wirklich zu beteiligen. Schwindet die Bereitschaft zur Information und Zusammenarbeit unter den Ehegatten, entfallen auch zwangsläufig die „Mitwirkungsbefugnisse" des nicht Sorgeberechtigten.

Das OLG Köln berücksichtigte in seiner Entscheidung jedoch nicht, daß auch bei der Aufrechterhaltung einer zerrütteten Ehe einem Elternteil gemäß § 1672 BGB das Recht für die Personensorge der Kinder allein übertragen werden konnte, und der andere – wie im Fall der Scheidung – gemäß § 1634 BGB auf die Befugnis beschränkt war, mit diesen persönlich zu verkehren.[182] Auf Grund

---

[179] BGHZ 12, 111 (115); OLG Celle FamRZ 1963, 523 (523); OLG Köln, EJF A. III. Nr. 22; OLG Oldenburg NJW 1947/48 103 (104); Hoffmann-Stefan § 48 III Rnr. 145; Dölle, Familienrecht Band I, § 39 IV, S. 549 m.w.N.

[180] OLG Köln, EJF A. III. Nr. 22.

[181] OLG Köln, EJF A. III. Nr. 22.

[182] BGB/RGRK-Wüstenberg § 48 Anm. 277.

dieser Rechtslage sicherte die Abweisung der Scheidungsklage gemäß § 48 III EheG 46 nicht unbedingt die Einwirkungsmöglichkeit beider Elternteile auf die Erziehung der minderjährigen Kinder.

b) Anwendbarkeit des § 1568 1. Fall BGB auf Fallgruppe 2

Damit beide Ehegatten die erzieherische Verantwortung gegenüber den minderjährigen Kindern auch nach der Scheidung wahrnehmen können, bedarf es nicht der Aufrechterhaltung des formalen Ehebandes. Ehegatten, die sich trotz Scheiterns ihrer Ehe in der Lage sehen, ihre Kinder gemeinsam zu erziehen, können unter den vom BVerfG aufgestellten Voraussetzungen das Sorgerecht weiterhin gemeinsam ausüben und damit die Erziehung der Kinder durch Mutter und Vater sicherstellen.

aa) Entscheidung des BVerfG zum gemeinsamen Sorgerecht

Das BVerfG hat durch Urteil vom 3.11.1982 die Vorschrift des § 1671 IV BGB, nach der die elterliche Sorge einem Elternteil zwingend allein zu übertragen war, wegen Verstoßes gegen das Elternrecht aus Art. 6 II 1 GG für verfassungswidrig erklärt.[183] Zur Begründung stellte das BVerfG zutreffend darauf ab, daß das Elternrecht ein Freiheitsrecht im Verhältnis zum Staat sei, und der Staat nicht in jedem Fall zur Ausübung seines Wächteramtes gemäß Art. 6 II 2 GG berufen sei, einen Elternteil von der Pflege und Erziehung seines Kindes auszuschalten und diesen auf ein Umgangsrecht zu beschränken.[184] Dieser Entscheidung kommt Gesetzeskraft zu, so daß den Eltern nach der Trennung und der Scheidung die gemeinsame elterliche Sorge belassen bzw. durch Richterspruch zugesprochen werden kann. Hierfür hat das BVerfG der Familiengerichtsbarkeit folgende verbindliche Richtlinien vorgegeben: Beide Eltern müssen gewillt sein, die gemeinsame Verantwortung für ihre Kinder weiter zu tragen, sie müssen voll erziehungsfähig sein, und es dürfen keine Gründe vorliegen, die im Interesse des Kindeswohls die Übertragung des Sorgerechts auf einen Elternteil angezeigt erscheinen lassen.[185]

---

[183] BVerfGE 61, 358 ff.

[184] BVerfG NJW 1983, 101 (101).

[185] BVerfGE 61, 358 (374).

Ein Teil der Lehre entnimmt der Entscheidung des BVerfG ein viertes Kriterium, nämlich daß sich der Richter eine Überzeugung von der Durchführbarkeit des gemeinsamen Sorgerechts bilden müsse.[186] Die Entscheidung des BVerfG enthält zwar den Satz: „Die Belassung der gemeinsamen Sorge setzt vielmehr die Überzeugung des Richters voraus, daß die Ehegatten die Pflege und Erziehung ihres Kindes weiterhin, wenn auch in einer durch die Scheidung modifizierten Form, gemeinschaftlich zum Wohl des Kindes wahrnehmen können."[187] Hieraus kann jedoch keine vierte eigenständige Voraussetzung für das gemeinsame Sorgerecht abgeleitet werden. Das BVerfG erwähnte nämlich dieses „vierte Kriterium" nicht im Zusammenhang mit den anderen drei Voraussetzungen, sondern benutzt es nur – an einer ganz anderen Stelle des Urteils – als Argument gegen die von seiten des Bundesjustizministers geäußerte Befürchtung, das gemeinsame Sorgerecht werde eine „Sogwirkung" auf Eltern ausüben, die die Voraussetzung für diese Sorgerechtsform nicht erfüllen.[188] Es bleibt daher bei den eingangs erwähnten drei Voraussetzungen.

bb) Tatsächlicher Gebrauch des gemeinsamen Sorgerechts

Von der Möglichkeit des gemeinsamen Sorgerechts nach der Scheidung wurde zunächst nur sehr zögerlich Gebrauch gemacht. Nach einer Studie, die Limbach im Auftrage des Bundesjustizministeriums durchgeführt hat, wurde von 1983 bis 1985 nur in ca. 1,5 % aller Sorgerechtsentscheidungen den Eltern das Sorgerecht gemeinsam belassen.[189]

In neuerer Zeit wird dagegen von der Möglichkeit des gemeinsamen Sorgerechts vermehrt Gebrauch gemacht. Oelkers und Kasten stellten in einer Untersuchung am Amtsgericht Hamburg-Mitte 1992 fest, daß bei 1.426 Scheidungsverfahren in 129 Fällen die Sorge auf beiden Elternteilen belassen wurde. Dies entspricht einer Quote von 9 %.[190] Zu einem ähnlichen Ergebnis kamen auch

---

186 Finger DRiZ 1985, 91 (92); Knöpfel NJW 1983, 905 (907).

187 BVerfG NJW 1983, 101 (103).

188 Limbach, Gemeinsame Sorge geschiedener Eltern, S. 20; MünchKomm-Hinz § 1671 Rnr. 72; Schwab, in: Handbuch des Scheidungsrechts, Teil III. C. I. 3. Rnr. 92; Oelkers/Kasten FamRZ 1993, 18 (19).

189 Limbach, Gemeinsame Sorge geschiedener Eltern, S. 23; zu ähnlichen Ergebnissen kamen: Finger DRiZ 1985, 91 ff; Magnus/Dietrich FamRZ 1986, 416 ff.

190 Oelkers/Kasten FamRZ 1994, 1080 (1081).

Henning und Stehle-Remer für die süddeutschen Länder Bayern und Baden-Württemberg. Die Quote von Entscheidungen mit gemeinsamer elterlicher Sorge lag dort bei 10,8 %.[191]

In der politischen Reformdiskussion zum Kindschaftsrecht wird derzeit die Einführung des gemeinsamen Sorgerechts als Regelfall befürwortet. Einem Antrag der SPD-Fraktion folgend,[192] schlägt inzwischen auch das Bundesjustizministerium[193] in einem Entwurf zur Reform des Kindschaftsrechts vor, daß die derzeit noch bestehende Notwendigkeit einer Entscheidung des Familiengerichts über die elterliche Sorge im Scheidungsverfahren („Zwangsverbund") entfallen soll. Ein Verfahren über die elterliche Sorge soll danach nur noch in den Fällen stattfinden, in denen ein Elternteil einen Antrag auf Zuweisung der Alleinsorge gestellt hat. Ist dies nicht der Fall, soll es bei der gemeinsamen elterlichen Sorge verbleiben.[194] Es ist daher anzunehmen, daß nach der Umsetzung dieses Entwurfs die Zahl der Fälle, in denen die gemeinsame Sorge nach der Scheidung fortbesteht, weiter steigen wird.

cc) Kritik aus der Lehre

Die Möglichkeit der gemeinsamen elterlichen Sorge nach der Ehescheidung wird im Zusammenhang mit der Kinderschutzklausel von Dieckmann jedoch als „Ersatzziel" bezeichnet.[195] Diese würde die Bemühungen des Familienrichters um eine ehebezogene Lösung des Problems erschweren. Eine zögernde Bereitschaft der Ehegatten, aus Verantwortungsbewußtsein für die Kinder die Ehe fortzusetzen, werde durch das gemeinsame Sorgerecht gelähmt.[196]

---

[191] Henning/Stehle-Remer, Auf dem Weg zum gemeinsamen Sorgerecht – zitiert in der Begründung zum Rohentwurf eines Gesetzes zur Reform des Kindschaftsrechts, S. 194.

[192] BT-Drs. 12/4024, S. 1 ff.

[193] Rohentwurf eines Gesetzes zur Reform des Kindschaftsrechts, S. 194.

[194] Im rechts- und sozialwissenschaftlichen Schrifttum ist die Forderung, die gemeinsame elterliche Sorge als Regelfall einzuführen, allerdings weiterhin stark umstritten. Vgl. hierzu m.w.N. Oelkers/Kasten FamRZ 1993, 18 (19); Dethloff, NJW 1992, 2200 (2202); Jopt ZfJ 1990, 285 (293); Rauscher NJW 1991, 1087 (1090); Lempp, in: Remschmidt, Kinderpsychiatrie und Familienrecht, S. 12.

[195] Erman-Dieckmann § 1568 Rnr. 8.

[196] Erman-Dieckmann § 1568 Rnr. 8.

Die Auffassung Dieckmanns knüpft an eine Situation an, die § 1568 1. Fall BGB nicht zu Grunde liegt. Dieser kommt nämlich – wie bereits dargelegt[197] – erst zu einem Zeitpunkt zur Anwendung, zu dem die Ehe gescheitert ist und ein Ehegatte – meistens sogar beide – fest zur Auflösung der Ehe entschlossen ist. Sie haben sich somit dagegen entschieden, aus einem Verantwortungsbewußtsein ihren Kindern gegenüber die gescheiterte Ehe fortzusetzen. Im Zentrum der Bemühungen der Familienrichter sollte deshalb vielmehr die Förderung der gemeinsamen elterlichen Sorge stehen. Diese stellt bei Ehegatten, die sich, obwohl ihre Ehe gescheitert ist, in der Lage sehen, ihre Kinder auch weiterhin gemeinsam zu erziehen, eine realistische Möglichkeit dar, den Kindern den für eine gedeihliche Erziehung notwendigen Einfluß von Vater und Mutter zu sichern.

c) Ergebnis zu II

Eine Anwendung des § 1568 1. Fall BGB auf Fallgruppe 2 „Sicherung der Erziehung durch beide Elternteile" scheidet wegen der Möglichkeit des gemeinsamen Sorgerechts nach der Ehescheidung aus.[198]

3. Fallgruppe 3: Kontaktverlust nach der Ehescheidung

a) Rechtsprechung zu § 48 III EheG 46

In der Rechtsprechung zu § 48 III EheG 46 wurde darauf abgestellt, daß bei der Aufrechterhaltung der Ehe bei Klägern, die sich bereits während der Ehe nicht ausreichend um ihre Kinder gekümmert hatten, eher die Aussicht besteht, daß sie sich ihrer natürlichen Elternpflicht erinnern. Dies wurde damit begründet, daß durch die Ehescheidung die Möglichkeit einer neuen Eheschließung eröffnet wird und dem Kläger damit neue Bindungen entstehen können.[199]

---

[197] Vgl. § 8 A II 1 b bb.

[198] Gegen die Aufrechterhaltung des formalen Ehebandes aus Gründen der Erziehung und Fürsorge auch: Gernhuber/Coester-Waltjen, Familienrecht, § 27 V. 3, S. 326; MünchKomm-Wolf, 3. Auflage, § 1568 Rnr. 27; BGB/RGRK-Graßhof § 1568 Rnr. 27; Soergel-Heintzmann § 1568 Rnr. 13; Staudinger-Rauscher § 1568 Rnr. 15.

[199] OLG Celle FamRZ 1963, 521 (523); OLG Oldenburg NJW 1947/48, 103 (104).

b) Anwendbarkeit des § 1568 1. Fall BGB auf Fallgruppe 3

In Anlehnung an die Rechtsprechung zu § 48 III EheG 46 zieht Wolf eine Anwendung des § 1568 1. Fall BGB dann in Betracht, wenn festgestellt werden kann, daß ein Elternteil, obwohl die Ehe gescheitert ist, sich nach besten Kräften um seine Kinder bemüht, diese Haltung aber mit dem Ausspruch der Scheidung schwinden würde.[200] Ob der Familienrichter jedoch tatsächlich zu einer solchen Feststellung in der Lage ist, muß bezweifelt werden. Denn verläßliche Indizien für den möglichen Kontakt nach der Ehescheidung gibt es nicht. Keinesfalls darf – wie in der Rechtsprechung zu § 48 III EheG 46 üblich – eine mögliche Wiederverheiratung als Indiz für eine künftige Vernachlässigung der Kinder herangezogen werden. Die Berücksichtigung möglicher Wiederverheiratungspläne des Antragstellers würde bei den scheidungswilligen Ehegatten nur den Anreiz bieten, diese im Scheidungsverfahren zu verheimlichen. Eine solche Entwicklung würde aber dem Bestreben des 1. EheRG, das Scheidungsverfahren wahrhafter und sachgemäßer zu gestalten, nicht entsprechen.

c) Ergebnis zu 3

§ 1568 1. Fall BGB ist daher nicht auf Fallgruppe 3 „Kontaktverlust nach der Ehescheidung“ anzuwenden.

4. Fallgruppe 4: Gesellschaftliche Diskriminierung

a) Rechtsprechung zu § 48 III EheG 46

In der Rechtsprechung zu § 48 III EheG 46 wurde die Fallgruppe der gesellschaftlichen Diskriminierung nicht behandelt.

b) Anwendbarkeit des § 1568 1. Fall BGB auf Fallgruppe 4

Durch den Scheidungsausspruch gilt die Ehe nicht nur rechtlich, sondern auch gesellschaftlich als endgültig beendet. Zum Teil wird daher in der Lehre

---

[200] MünchKomm-Wolf, 1. Auflage, § 1568 Rnr. 44; zustimmend BGB/RGRK-Graßhof § 1568 Rnr. 33.

eine Anwendung des § 1568 1. Fall BGB in Betracht gezogen, wenn als Folge der Scheidung gesellschaftliche, insbesondere schulische Diskriminierungen der Kinder zu befürchten sind.[201]

Die Beantwortung der Frage, ob gesellschaftliche Diskriminierungen im Rahmen des § 1568 1. Fall BGB zu berücksichtigen sind, hängt entscheidend von der im Einzelfall zu erwartenden Intensität der Diskriminierungen ab. Besteht nachweislich die begründete Gefahr, daß die Kinder im Falle einer Scheidung dem gesellschaftlichen Druck nicht gewachsen wären und deshalb in eine psychische Ausnahmesituation geraten würden, so verdient das Interesse der Kinder am Erhalt der formalen Ehe den Vorrang vor den Freiheitsinteressen des oder der scheidungswilligen Ehegatten. Die Ehe darf in einem solchen Fall nicht geschieden werden. Anknüpfungspunkt für § 1568 1. Fall BGB ist jedoch in einem solchen Fall – wie bei Fallgruppe 1 „Beeinträchtigung von Rechts-, Moral- und Wertempfindungen" – nicht die gesellschaftliche Diskriminierung als solche, sondern die sich aus ihr ergebende seelische Gefährdung der Kinder. Ein solcher Fall wäre daher der Fallgruppe 2 – psychische Ausnahmesituation – zuzuordnen.

c) Ergebnis zu 4

§ 1568 1. Fall BGB ist daher nicht auf Fallgruppe 4 „Gesellschaftliche Diskriminierung" anzuwenden.

III. Ergebnis zu A

Die Kinderschutzklausel des § 1568 1. Fall BGB ist auf keine von der Rechtsprechung zu § 48 III EheG 46 entwickelten immateriellen Fallgruppen anwendbar. Die Fallgruppe „psychische Ausnahmesituation" ist die einzige, die den Einsatz der Kinderschutzklausel des § 1568 1. Fall BGB erfordert. Über diese Fallgruppe können allerdings mittelbar Rechts-, Moral- und Religionsempfindungen und die Gefahr einer gesellschaftlichen Diskriminierung der Kin-

---

[201] Giesen, Familienrecht, § 10 B. 3. b) (1) Rnr. 375; Palandt-Diederichsen, 53. Auflage, § 1568 Rnr. 7.

der zur Aufrechterhaltung des Ehebandes führen, wenn diese die Ursache dafür sind, daß der Scheidungsausspruch zu einer psychischem Ausnahmesituation der Kinder führt. Der Anwendungsbereich der Kinderschutzklausel reduziert sich damit auf ganz besondere Ausnahmefälle, die durch einen pathologischen Zustand der betroffenen Kinder gekennzeichnet sind. Die von Teilen der Lehre geübte Kritik an der Zurückhaltung der Gerichte, die Kinderschutzklausel anzuwenden, ist daher unberechtigt.

B. Berücksichtigung immaterieller Interessen im Recht der DDR

Die Rechtsprechung der DDR und das sozialistische Schrifttum beschäftigten sich nach der 5. Plenarsitzung des OG vom 13.12.1972 verstärkt mit den immateriellen Interessen der Kinder am Erhalt der Ehe.[202] Die folgende Untersuchung bezieht sich daher auf das FGB von 1966.

I. Sinnverlust der Ehe für die Kinder gemäß § 24 I FGB

Der Zerrüttungsgesamttatbestand des § 24 I FGB forderte für die Scheidung einer Ehe, daß diese ihren Sinn sowohl für die Ehegatten als auch für die Kinder verloren hat.[203]

1. Sinnverlust der Ehe aus Gründen der Kindeserziehung

a) Erziehungsziele in der DDR

Gemäß Art. 38 IV 1 Verf. DDR 68 war es die vornehmste Pflicht der Eltern, ihre Kinder zu gesunden und lebensfrohen, tüchtigen, allseitig gebildeten und zu staatsbewußten Bürgern zu erziehen. Die elterliche Erziehungsaufgabe war

---

[202] OG NJ 1971, 211; OG NJ 1972, 652; BG Leipzig 1972, 654; BG Leipzig 1972, 655; KrG Borna 1972, 124; BG Leipzig 1973, 60; BG Neubrandenburg NJ 1973, 367; BG Leipzig NJ 1974, 344; BG Leipzig 1974, 660; BG Cottbus 1975, 95; BG Dresden NJ 1976, 185; OG NJ 1981, 328; Rohde NJ 1970, 319 ff.; Mühlmann NJ 1972 ff., 636; Strasberg NJ 1973, 42 ff.

[203] Vgl. § 5 B.

in Art. 38 IV 1 Verf. DDR 68 ausdrücklich als Rechtspflicht ausgestaltet. Es stand daher nicht im Belieben der Eltern, ob sie diese Aufgabe wahrnehmen wollten. Die Aufnahme von Rechtspflichten in die Verfassung der DDR erfolgte immer dann, wenn es darauf ankam, „... unabhängig vom konkreten Bewußtseinsstand der Bürger ein bestimmtes gesellschaftliches und historisch gebotenes Verhalten herbeizuführen ...“[204].

Die Erziehungsziele des Art. 38 IV 1 Verf. DDR 68 wurden in den §§ 3 und 42 FGB weiter konkretisiert. Gemäß § 3 I 2 FGB war es die vornehmste Aufgabe der Eltern, die Kinder zu „aktiven Erbauern des Sozialismus“ zu erziehen. Weiter hieß es in § 42 II 2 FGB: „Durch verantwortungsbewußte Erfüllung ihrer Erziehungspflichten, durch eigenes Vorbild und durch übereinstimmende Haltung gegenüber den Kindern erziehen die Eltern ihre Kinder zur sozialistischen Einstellung zum Lernen, zur Arbeit, zur Achtung vor den arbeitenden Menschen, zur Einhaltung der Regeln des sozialistischen Zusammenlebens, zur Solidarität, zum sozialistischen Patriotismus und Internationalismus.“ Mit anderen Worten: In der Familie sollte eine sozialistische Lebensweise geführt werden, und die Kinder waren von ihren Eltern ausschließlich im marxistisch-leninistischen Sinne zu erziehen.[205]

Demgegenüber enthielt § 42 III FGB weitgehend unpolitische Zielvorstellungen. Danach war die Erziehung der Kinder untrennbar mit der Herausbildung von Eigenschaften und Verhaltensweisen wie Bescheidenheit, Ehrlichkeit, Hilfsbereitschaft und der Achtung vor dem Alter verbunden.

b) Zusammenarbeit mit staatlichen Einrichtungen

Die Erziehung der Kinder zu sozialistischen Persönlichkeiten sollte gemäß der §§ 3 I 2 und 42 IV FGB in vertrauensvoller Zusammenarbeit mit gesellschaftlichen und staatlichen Einrichtungen erfolgen. Damit waren die Einrichtungen der Vorschulerziehung, die Schulen und Einrichtungen der Berufsausbildung, die Freie Deutsche Jugend sowie staatliche Beratungsstellen gemeint.[206]

---

[204] Poppe/Schüssler StuR 1963, 209 (222).

[205] Mampel, Die sozialistische Verfassung der Deutschen Demokratischen Republik, Art. 38 Rnr. 29 f. m.w.N.

[206] Kommentar zum Familienrecht der DDR § 42 FGB Anm. 4.; Schlicht, Das Familien- und Familienverfahrensrecht der DDR, S. 154.

Gesellschaftliche Einrichtungen dieser Art hatten im Vergleich zur Bundesrepublik Deutschland und auch zu den anderen kommunistischen Staaten einen erheblich größeren Anteil an der Erziehung der Kinder. So wurden z.B. zu Beginn der achtziger Jahre von den ein- bis dreijährigen Kindern 63,3 % während der Arbeitszeit der Mütter in Kinderkrippen betreut. 91,8 % der Drei- bis Sechsjährigen besuchten – meist ganztägig – Kindergärten. Von den sieben- bis zehnjährigen Schülern gingen 76,7 % in den Schulhort, eine von dem Pionierverband getragene Einrichtung, in der die Kinder vom Unterrichtsschluß bis zum Abend verpflegt und betreut wurden.[207]

Die starke Beteiligung der gesellschaftlichen Einrichtungen an der Erziehung und Betreuung der Kinder verleitet zu der Annahme, daß die Eltern völlig aus der Kindeserziehung ausgeschaltet werden sollten. Dies war jedoch nicht der Fall. Die Erziehung der Kinder in den gesellschaftlichen Einrichtungen und die in der Familie sollten sich vielmehr gegenseitig ergänzen. Beide Bereiche wurden bei der Entwicklung der Kinder zu sozialistischen Persönlichkeiten als notwendig und nicht wechselseitig ersetzbar angesehen.[208]

Hierzu heißt es in dem vom Ministerium der Justiz herausgegebenen Kommentar zum FGB: „Die Familie hat bei der kommunistischen Erziehung der Kinder und Jugendlichen eine wichtige und unentbehrliche Funktion zu erfüllen, denn die Persönlichkeitsentwicklung der Kinder wird in jeder Phase entscheidend von ihr beeinflußt. ... Gegenüber anderen gesellschaftlichen Erziehungsträgern besitzt die Familie eine Reihe von Besonderheiten, die ihr besonders günstige Möglichkeiten zur Erziehung geben. So zeichnet sich die Familie durch ihre starken emotionalen Bindungen zwischen den Familienmitgliedern aus. Die Familie gibt Liebe, Geborgenheit, Achtung und Sicherheit. Das ist von großem Einfluß auf das psychische Wohlbefinden der Kinder und auf ihr Denken, Fühlen und Wollen. Diese gefühlsmäßigen Bindungen können in keinem anderen Kollektiv entwickelt und durch nichts vollwertig ersetzt werden."[209]

Die Erziehung der Kinder in der Familie sollte somit parallel mit der in den staatlichen Einrichtungen erfolgen und den Kindern die gleichen weltanschauli-

---

[207] Statistisches Taschenbuch der DDR 1982, S. 119 und 140.

[208] Kommentar zum Familienrecht der DDR § 3 Anm. 1.2.; SED-Parteiprogramm 1976, S. 55.

[209] Kommentar zum Familienrecht der DDR § 42 Anm. 1.2; Vgl. hierzu auch Grandke NJ 1979, 345 (346).

chen, ethischen und moralischen Inhalte vermitteln. Nach sozialistischer Auffassung wurden hierdurch die Rechte der Eltern nicht verletzt. Aus dem Wesen der sozialistischen Gesellschaft folgte nämlich eine inhaltliche Übereinstimmung zwischen den Erziehungszielen der Gesellschaft, der gesellschaftlichen Einrichtungen und der Familien.[210]

c) Umfassende Sachverhaltsaufklärung

Damit die Gerichte beurteilen konnten, ob die Ehe noch eine taugliche Grundlage für die Erziehung der Kinder darstellte, hatten sie gemäß § 24 II 1 FGB eine sorgfältige Prüfung der Entwicklung der Ehe vorzunehmen. Diese Verpflichtung wurde in § 2 I 1 der Familienverfahrensordnung – FVerfO – vom 17.2.1966[211] und später in § 2 II 1 der Zivilprozeßordnung – ZPO – vom 19.6.1975[212] nochmals besonders betont.[213] Die Gerichte hatten nach diesen Vorschriften den Sachverhalt umfassend aufzuklären.

aa) Vorgaben des Obersten Gerichts

Das OG bemängelte auf seiner 5. Plenartagung, daß die Instanzgerichte nicht immer mit der gebotenen Gründlichkeit die Umstände prüften, die sich auf die Kinder bezogen.[214] Vielmehr beurteilten sie den Wert der Ehe vorwiegend aus der Sicht der Partnerschaftsbeziehung. Die Instanzgerichte gingen deshalb in ihren Entscheidungen oftmals in unzulässiger Weise davon aus, daß eine Ehe, in der die Beziehung der Ehegatten durch erhebliche Konflikte belastet war, auch stets für die Kinder ihren Sinn verloren habe.[215]

---

[210] Grandke NJ 1979, 345 (345).

[211] GBl. der DDR 1966 Teil II 171.

[212] GBl. der DDR 1975 Teil II 533.

[213] Die FVerfO stellte die erste geschlossene Verfahrensordnung für das Familienrecht dar. Sie wurde jedoch durch die ZPO vom 19.6.1975 ersetzt, die eine einheitliche Verfahrensregelung für Zivil-, Familien- und Arbeitsrechtssachen enthielt. Vgl. hierzu ausführlich Eberhardt NJ 1977, 12 (12).

[214] Materialien der 5. Plenartagung des Obersten Gerichts NJ 1973, 37 (37).

[215] Materialien der 5. Plenartagung des Obersten Gerichts NJ 1973, 37 (38); FGB Kommentar zum Familiengesetzbuch der DDR § 24 Anm. 1.3; Rohde NJ 1970, 319 (319).

Dieses Vorgehen entsprach aber nicht dem Zerrüttungsverständnis des § 24 I FGB. Dieser setzte nämlich tatbestandlich voraus, daß bei der Entscheidung über den Fortbestand oder die Auflösung einer Ehe die Belange aller Familienmitglieder, der Eltern wie der Kinder, berücksichtigt werden mußten.[216]

Das OG forderte deshalb von den Instanzgerichten eine lückenlose Sachverhaltsaufklärung und umfassende Einzelfallanalyse der Familiensituation. Die Gerichte sollten genau feststellen, wie sich die Konflikte der Ehegatten auf die Erziehung und Entwicklung der Kinder auswirkten, in welchem Umfang die Eltern das Erziehungsrecht noch gemeinsam wahrnahmen und welche Voraussetzungen gegeben waren, um bei Fortbestehen der Ehe die weitere gemeinsame Erziehung und bestmögliche Entwicklung der Kinder zu sichern.[217]

Das OG wies die Instanzgerichte weiter an, die folgenden Fragen mit in die Sachverhaltsaufklärung einzubeziehen:

Welchen konkreten Anteil haben die Eltern an der Erziehung und Betreuung der Kinder gehabt, und hat es hierbei bestimmte Probleme gegeben? Welche Bindungen bestehen zwischen den Eltern und den Kindern? Welche Auswirkungen haben die Konflikte der Eltern auf die Erziehung und psychische Entwicklung der Kinder gehabt? Welche Folgen ergeben sich bei der Scheidung oder Aufrechterhaltung der Ehe für die Eltern und Kinder?[218]

Günstige Voraussetzungen für den Erhalt der Ehe im Interesse der Kinder konnten nach dem OG gegeben sein, wenn bei der Sachverhaltsaufklärung festgestellt werden konnte, daß sich die belastende Ehesituation noch nicht auf die Kinder ausgewirkt hat.[219] Dies sei z.B. anzunehmen, wenn sexuelle Differenzen der Ehegatten und noch nicht gefestigte Beziehungen zu anderen Partnern den Kinder verborgen geblieben sind.[220] Hier zeigt sich deutlich, wie intensiv bei der Sachverhaltsaufklärung der Eheverlauf erforscht werden sollte.

---

[216] Vgl. § 4 D.

[217] Materialien der 5. Plenartagung des Obersten Gerichts OG NJ 1973, 37 (38); Bericht der 14. Plenartagung des Obersten Gerichts bei Strasberg NJ 1980, 52 (54).

[218] Materialien der 5. Plenartagung des Obersten Gerichts OG NJ 1973, 37 (40).

[219] Materialien der 5. Plenartagung des Obersten Gerichts NJ 1973; 37 (38); Rohde NJ 1970, 319 (321); Kommentar zum Familiengesetzbuch der DDR § 24 Anm. 1.3.

[220] Materialien der 5. Plenartagung des Obersten Gerichts NJ 1973; 37 (38); Rohde NJ 1970, 319 (321).

Der Sinnverlust der Ehe für die Kinder sollte dagegen angenommen werden, wenn diese mit bestimmten Ehekonflikten, wie ständige Streitigkeiten, Beschimpfungen und Tätlichkeiten, unmittelbar konfrontiert wurden und darunter zu leiden hatten.[221] Besonders häufiger oder übermäßiger Alkoholgenuß, der vielfach zu Streitig- und Tätlichkeiten zwischen den Ehegatten oder mit den Kindern führe, beeinflusse das Leben aller Familienmitglieder ungünstig und lockere die Grundlage für eine gemeinsame Erziehung der Kinder. Gleiches gelte, wenn die Ehegatten eine asoziale Lebensweise führten oder Straftaten begingen.[222]

Trotz dieser Vorgaben sollten aber stets die Umstände des Einzelfalls entscheidend sein. Das OG betonte, daß die Auswirkungen der Ehekonflikte auf die Kinder unterschiedlich sein könnten. Diese seien z.B. davon abhängig, wie alt die Kinder seien, welche Haltung sie zu dem Verhalten der Ehegatten einnähmen und welche Folgen sich aus den Streitigkeiten für ihre Beziehungen zu den Eltern ergeben würden.[223]

Entsprechend den gesetzlichen Vorgaben des § 2 IV 1. Fall FVerfO sollten die Gerichte weiterhin prüfen, ob es notwendig und zweckmäßig ist, Vertreter gesellschaftlicher Kollektive oder andere gesellschaftliche Kräfte auf geeignete Weise in das Verfahren einzubeziehen, um den Sachverhalt umfassend aufzuklären. Bei Scheidungen, von denen minderjährige Kinder betroffen waren, sollten insbesondere Organe der Jugendhilfen und Vertreter der Schulen zur Erforschung des Sachverhaltes hinzugezogen werden.[224]

bb) Rechtsprechung der Instanzgerichte

Im Folgenden soll kurz untersucht werden, ob die zu § 24 FGB veröffentlichten Entscheidungen der Instanzgerichte, die sich mit dem Sinnverlust der Ehe aus Gründen der Kindeserziehung befaßten, auch tatsächlich den Vorgaben des OG entsprachen.

---

[221] Materialien der 5. Plenartagung des Obersten Gerichts NJ 1973; 37 (38).
[222] Rohde NJ 1970, 319 (321); Materialien der 5. Plenartagung des Obersten Gerichts NJ 1973; 37 (38).
[223] Materialien der 5. Plenartagung des Obersten Gerichts NJ 1973; 37 (38).
[224] Materialien der 5. Plenartagung des Obersten Gerichts NJ 1973, 37 (42).

(1) Abweisende Urteile

Die Bezirksgerichte Dresden und Leipzig verweigerten jeweils die Scheidung einer Ehe, weil die Ehegatten nach den Stellungnahmen der Referate Jugendhilfe bemüht waren, die Erziehung der Kinder gemeinsam fortzuführen, und die Kinder von den ehelichen Konflikten noch nichts bemerkt hatten. In beiden Fällen bestand nach der Auffassung der Gerichte weiterhin die begründete Hoffnung, daß die Prozeßparteien ihre Konflikte im Interesse der Kinder überwinden könnten.[225] In einem anderen Fall verweigerte das Bezirksgericht Leipzig die Scheidung einer Ehe, die durch einen Partnertausch mit einer befreundeten Familie in eine Krise geraten war.[226] Auch hier bestand nach der Auffassung des Gerichts auf Grund der Analyse des bisherigen Eheverlaufs die begründete Hoffnung, daß die Ehegatten – die das Familienleben für die Kinder bisher im wesentlichen ordentlich gestaltet hatten – wieder zusammenfinden würden.[227]

(2) Stattgebende Urteile

Das Kreisgericht Borna gab einer Scheidungsklage statt, nachdem festgestellt wurde, daß die 10, 12 und 15 Jahre alten Kinder die häufigen Auseinandersetzungen zwischen den Ehegatten miterlebt hatten und von dem Verklagten ungerecht und unbeherrscht behandelt worden waren, wenn dieser getrunken hatte. Das Gericht stellte darauf ab, daß die Ehegatten unter diesen Verhältnissen kein harmonisches Elternhaus gewährleisten würden, was für die weitere Persönlichkeitsentwicklung und charakterliche Bildung der Kinder von Nachteil sei.[228] Ein ähnlicher Sachverhalt lag einer Entscheidung des Bezirksgerichts Leipzig zugrunde.[229] Der permanente Alkoholgenuß eines Ehegatten führte zu ständigen Streitereien zwischen den Ehegatten. Das Gericht entschied, daß die Ehe auch für die zwei noch minderjährigen Kinder ihren Sinn verloren habe, da ein weiters Aufwachsen der Kinder in einer Atmosphäre permanenter Auseinandersetzungen der Eltern und die ungünstige Wirkung, die sich aus dem schlechten Vorbild des Vaters ergebe, die objektive Möglichkeit einer Gefährdung der Kinder beinhalte. Für den Sinnverlust der Ehe für die Kinder spreche weiterhin,

---

[225] BG Dresden NJ 1976, 185 (185); BG Leipzig NJ 1973, 344 (345).
[226] BG Leipzig NJ 1972, 654 (655).
[227] BG Leipzig NJ 1972, 654 (655).
[228] KrG Borna NJ 1972, 124 (125).
[229] BG Leipzig NJ 1973, 660 (661).

daß die Erziehung der Kinder nicht mehr einheitlich durch beide Eltern, sondern hauptsächlich durch die Klägerin wahrgenommen werde.[230] In einer anderen Entscheidung des Bezirksgerichts Leipzig wurde der Sinnverlust der Ehe für die Kinder bejaht, da diese durch die langjährigen und schwerwiegenden Konflikte der Ehegatten – der Ehemann hatte sich anderen Frauen zugewandt[231] – zerrüttet sei und sich aus der Analyse des Verhaltens der Ehegatten zueinander und zu den Kindern ergab, daß der Ehemann zu keiner Zeit bemüht war, seiner Verantwortung gegenüber den Kindern gerecht zu werden, und mit einer Änderung seines Fehlverhaltens auch künftig nicht gerechnet werden könne.[232]

(3) Ergebnis zu bb

Zusammenfassend läßt sich feststellen, daß den nach der 5. Plenartagung des OG veröffentlichten Entscheidungen der Instanzgerichte, die sich mit dem Sinnverlust der Ehe aus Gründen der Kindeserziehung befaßten, eine umfassende Sachverhaltsaufklärung zu Grunde lag, die den Vorgaben des OG im wesentlichen entsprach.

d) Ergebnis zu 1

Nach dem Recht der DDR bestand der Sinn der Ehe für die Kinder darin, daß sie die institutionelle Voraussetzung dafür bot, daß die Eltern in Zusammenarbeit mit den staatlichen Einrichtungen ihr Erziehungsrecht entsprechend den Erziehungszielen des Art. 38 IV 1 Verf. DDR 68 und der §§ 3 und 42 FGB wahrnehmen konnten. Die Gerichte in der DDR nahmen daher den Sinnverlust der Ehe für die Kinder gemäß § 24 I FGB an, wenn sie nach einer umfassenden Sachverhaltsaufklärung zu der Auffassung gelangten, daß die Ehegatten nicht mehr in der Lage waren, ihre Kinder entsprechend den Vorgaben des Art. 38 IV 1 Verf. DDR 68 und der §§ 3 und 42 FGB gemeinsam zu erziehen, und keine Aussicht bestand, daß die Ehegatten aus Verantwortung ihren Kindern gegenüber ihre Ehekonflikte überwinden konnten.

---

[230] BG Leipzig NJ 1973, 660 (661).
[231] BG Leipzig NJ 1973, 60 (61).
[232] BG Leipzig NJ 1973, 60 (60).

2. Von der Kindeserziehung unabhängige Interessen

Das OG betonte, daß die Möglichkeit für den Fortbestand der Ehe auch dann eingehend zu prüfen sei, wenn besondere Interessen der Kinder vorlägen, die über die allgemeinen Auswirkungen einer Ehescheidung hinausgingen. Das könne der Fall sein, wenn erziehungsschwierige Kinder beide Elternteile brauchen, kranke Kinder besonderer Fürsorge bedürfen, der im Falle einer Scheidung mit dem Erziehungsrecht betraute Elternteil dadurch erheblich belastet würde oder zu befürchten sei, daß sich die Ehescheidung nachteilig auf die psychische Entwicklung der Kinder auswirken könnte.[233] Von den veröffentlichten Entscheidungen zu § 24 FGB befassen sich nur wenige mit solchen Ausnahmefällen.[234]

a) Psychische Ausnahmesituation

Das Stadtgericht Groß-Berlin entschied, daß eine Ehe ihren Sinn noch nicht verloren hat, wenn ihre Scheidung für das Kind unabsehbare Folgen nach sich ziehen kann. Der Kläger hatte die Familie verlassen und war eine ernste Bindung mit einer anderen Frau eingegangen. Der aus der Ehe hervorgegangene Junge litt stark unter der Trennung seiner Eltern.[235] Das durch den Senat eingeholte psychologische Gutachten kam zu dem Schluß, daß der Junge einen erheblichen erziehungsbedingten Rückstand in seiner psychischen Entwicklung bei normaler körperlicher und geistiger Entwicklung aufwies. In dem Gutachten wurde weiter ausgeführt, daß eine Ehescheidung der Eltern eventuell zu einer positiven Bewährungsprobe für den Jungen werden könne, andererseits jedoch die potentielle Gefahr eines Suizidversuchs nicht auszuschließen sei. Wegen dieser Gefahr verlangte das Gericht, daß die Ehegatten – unter Zurückstellung ihrer persönlichen Interessen – ihren Konflikt im Interesse des Kindes überwinden sollten.[236]

An dieser Entscheidung wird deutlich, daß die Anwendung der Kinderschutzklausel des § 24 II 2 FGB nicht nur die Aufrechterhaltung des formalen Ehe-

---

[233] Materialien der 5. Plenartagung des Obersten Gerichts NJ 1973, 37 (38); OG NJ 1972, 652 (654).

[234] Stadtgericht von Groß-Berlin NJ 1970, 211 ff; BG Cottbus NJ 1975, 95 f.; BG Neubrandenburg NJ 1972, 367 f.

[235] Stadtgericht von Groß-Berlin NJ 1970, 211 (212).

[236] Stadtgericht von Groß-Berlin NJ 1970, 211 ff.

bandes, sondern den Erhalt der Familie zum Ziel hatte. Ob dieses Ziel im vorliegenden Fall auch tatsächlich erreicht wurde, muß jedoch bezweifelt werden. Nach der Aussage des Dienstvorgesetzten des Klägers während des Eheverfahrens hatte sich bereits das Arbeitskollektiv mit dessen Scheidungswunsch auseinandergesetzt und vergeblich versucht, ihn von der Scheidung abzuhalten.[237]

Die Urteilsbegründung des Gerichts „Dem Kläger wird es jedoch mit Unterstützung seiner Familie und seines Betriebskollektivs gelingen, seine jetzige Fehlleistung zur Familie zu überwinden, wenn er genauso verantwortungsbewußt an die Lösung dieses Konfliktes geht wie an die Lösung seiner beruflichen Aufgaben"[238] kann daher nicht überzeugen, so daß vermutet werden muß, daß in diesem Fall in Wirklichkeit nur das formale Eheband aufrechterhalten wurde.

b) Erhebliche Belastung des mit dem Erziehungsrecht betrauten Elternteils

In einer Entscheidung des Bezirksgerichts Cottbus wurde die Ehescheidung – entgegen der Auffassung des Kreisgerichts – im Interesse der 2, 8 und 10 Jahre alten Kinder unter anderem deshalb verneint, weil sich die Verklagte mit der alleinigen Erziehung der drei Kinder, ihrer Berufstätigkeit und der Haushaltsführung überfordert fühlte.[239] Der Kläger hatte die Familie verlassen und unterhielt eine Beziehung zu einer anderen Frau. Das Gericht stellte darauf ab, daß die Verklagte sich zu Recht darauf berufe, bei der Erziehung und Betreuung der Kinder nicht allein gelassen zu werden. Sie habe als Mutter von drei Kindern einen Anspruch darauf, daß ihr neben der gesellschaftlichen Unterstützung in erster Linie der Ehemann und Vater der Kinder bei deren Erziehung zur Seite stehe. Von dem Kläger wurde daher unter Verweis auf seine Verantwortung für die Erziehung und Entwicklung seiner Kinder verlangt, daß er seine persönlichen Interessen zugunsten der weiteren Entwicklung seiner Kinder zurückstelle. Das Gericht verlangte von ihm, daß er sein ehebrecherisches Verhalten aufgibt und zu seiner Familie zurückkehrt. Das Gericht hielt eine Normalisierung des Familienlebens mit der fragwürdigen Begründung für möglich, daß sich aus der Analyse des bisherigen Eheverlaufs ergeben habe, daß die Parteien die während

[237] Stadtgericht von Groß-Berlin NJ 1970, 211 (212).
[238] Stadtgericht von Groß-Berlin NJ 1970, 211 (212).
[239] BG Cottbus NJ 1975, 95 (96).

der bisherigen Ehe aufgetretenen Spannungen immer wieder überwunden hätten und die Trennung des Klägers von seiner Familie erst kurze Zeit bestehe.[240]

Auch das Bezirksgericht Neubrandenburg verweigerte die Scheidung einer Ehe, die zunächst 19 Jahre lang im wesentlichen harmonisch verlaufen war, weil die Verklagte nach der Auffassung des Gerichts auf Grund ihrer beruflichen und häuslichen Belastung sowie ihres Gesundheitszustandes auf die Unterstützung des Klägers bei der Erziehung der beiden Kinder angewiesen war.[241] Nach der Auffassung des Gerichts bestand wegen „der langen Ehedauer und der Tatsache, daß ernsthafte Spannungen in der Ehe erst in letzter Zeit aufgetreten sind, ... berechtigte Hoffnungen, daß die Parteien die gegenwärtige Krise überwinden können".[242] Das Gericht verlangte daher, daß der Kläger im Interesse der Erziehung und Entwicklung der beiden Kinder alles unternehme, um die gegenwärtige Ehekrise zu überwinden.[243]

Ob dies den Ehegatten jedoch wirklich gelungen ist, muß bezweifelt werden. Der Kläger erklärte nämlich, daß er unter keinen Umständen bereit sei, die Ehe fortzuführen.[244] Es muß daher vermutet werden, daß auch in diesem Fall – wie im Fall des Stadtgerichts Groß-Berlin –[245] in Wirklichkeit nur das formale Eheband aufrechterhalten wurde.

c) Ergebnis zu 2

Die von der Erziehung unabhängigen Interessen der Kinder am Erhalt der Ehe spielten im Rahmen des § 24 I FGB nur eine geringe Rolle. Bei den hierzu ergangenen Entscheidungen wurde von den Gerichten nach einer intensiven Überprüfung des Eheverlaufs mit einer nicht überzeugenden Begründung die Auffassung vertreten, daß die ehelichen Konflikte noch im Interesse der Kinder überwindbar seien. Es muß daher vermutet werden, daß bei diesen Entscheidungen den Kindern rechtstatsächlich nur die Aufrechterhaltung des formalen Ehebandes und nicht der Erhalt der Familie gegeben werden konnte.

---

[240] BG Cottbus NJ 1975, 95 (96).
[241] BG Neubrandenburg 1972, 367 (368).
[242] BG Neubrandenburg 1972, 367 (367).
[243] BG Neubrandenburg 1972, 367 (368).
[244] BG Neubrandenburg 1972, 367 (368).
[245] Vgl. § 8 B I 2 a.

II. Besonderheiten im Eheverfahren der DDR

Die gleichzeitig mit dem FGB am 17.2.1966 in Kraft getretene FVerfO paßte die Vorschriften über das gerichtliche Verfahren in Familiensachen diesem an. Sie stellte eine Übergangsregelung dar und wurde am 19.2.1975 durch die ZPO abgelöst. Diese regelte einheitlich das Verfahren für das Zivil-, Familien- und Arbeitsrecht. Nach beiden Gesetzen war für Ehescheidungssachen eine Aussöhnungsverhandlung vorgesehen.

1. Aussöhnungsverhandlung

Innerhalb eines Monats nach Einreichen der Klage mußte das Gericht gemäß § 11 I FVerfO eine Aussöhnungsverhandlung durchführen. Von dieser konnte gemäß § 11 II Nrn. 1 bis 4 FVerfO nur in besonderen Ausnahmefällen abgesehen werden.[246] Nach § 12 I 1 FVerfO mußte das Gericht mit den Parteien eine Aussprache über die Entwicklung ihrer Ehe, über die Erscheinungen und die möglichen Ursachen der Ehezerrüttung sowie über die Auswirkungen einer eventuellen Scheidung auf das Leben der Ehegatten und die weitere Erziehung und Entwicklung der Kinder führen. Dabei mußte es gemäß § 12 I 2 FVerfO mit den Parteien alle Möglichkeiten erörtern, den entstandenen Konflikt zu überwinden, und es mußte sich bemühen, die Ehegatten auszusöhnen.

Auch nach der ZPO mußten die Gerichte gemäß § 48 I ZPO in Ehescheidungsverfahren grundsätzlich vor der eigentlichen Verhandlung eine Aussöhnungsverhandlung durchführen. Im Gegensatz zu der FVerfO ließ diese aber gemäß § 50 Nrn. 1 bis 5 ZPO weitergehende Ausnahmen von einer Durchführung der Aussöhnungsverhandlung zu. Abweichend zu § 11 II FVerfO konnte gemäß § 50 Nrn. 1 und 2 ZPO von einer Aussöhnungsverhandlung abgesehen werden, wenn beide Ehegatten die Scheidung begehrten und minderjährige Kin-

---

[246] § 11 II FVerfO lautete: „Das Scheidungsverfahren kann ohne Aussöhnungsverhandlung durchgeführt werden, wenn 1. eine Partei ihren Wohnsitz nicht im Gebiet der Deutschen Demokratischen Republik hat; 2. eine Partei verschollen ist; 3. nach § 38 Familiengesetzbuch bei Wiederverheiratung im Falle der Todeserklärung Scheidung begehrt wird; 4. eine Partei geisteskrank ist; 5. ausnahmsweise auf das persönliche Erscheinen gemäß § 10 I verzichtet wurde."

der nicht vorhanden waren oder die Ehegatten unter Aufhebung der ehelichen Lebensgemeinschaft bereits seit mehreren Jahren getrennt lebten.[247]

Das Ziel der Aussöhnungsverhandlung bestand nach beiden Verfahrensregelungen darin, auch noch im Scheidungsverfahren nach Wegen zur Überwindung des ehelichen Konfliktes zu suchen, um diejenigen Ehen zu erhalten, die ihren Sinn für die Ehegatten und die Kinder nicht verloren hatten.[248] Mit dem Erhalt der Ehe war aber nicht die Aufrechterhaltung des formalen Ehebandes, sondern die Wiederherstellung des Willens zur ehelichen Lebensgemeinschaft gemeint.[249] Nur wenn eine Klagerücknahme auf dieser Willenshaltung der Ehegatten beruhte, entsprach sie dem Aussöhnungsauftrag des Gerichts. Anderenfalls sollte die Ehe geschieden werden.[250]

Sofern minderjährige Kinder von der Scheidung betroffen waren, sollten die Gerichte den Ehegatten in der Aussöhnungsverhandlung ihre Verantwortung gegenüber diesen und die Bedeutung der elterlichen Familie für die Kinder voll bewußt machen.[251] Hierzu sollten gesellschaftliche Kräfte – gemeint waren damit staatliche Eheberatungsstellen, Kollektive am Arbeitsplatz, bei jungen Leuten bis zu 25 Jahren die FDJ-Gruppe – die sich bereits um die Erhaltung der Ehe bemüht hatten, dem Verfahren hinzugezogen werden.[252] Es sollte somit staatlicher und gesellschaftlicher Druck auf die Ehegatten ausgeübt werden.

Dabei mußten die Ehegatten dulden, daß ihr gesamtes eheliches Leben vor Personen ausgebreitet wurde, mit denen sie täglich zusammen arbeiteten. Nach dem OG konnte das Eheverfahren schauprozeßartig vor dem Arbeitskollektiv durchgeführt werden, wenn dies zur erzieherischen Einflußnahme auf die Zuhö-

---

[247] Nach dieser Prozeßreform hat sich die Erfolgsquote der Scheidungsklagen 1976/1977 von rund 70 % sprunghaft auf 76 % erhöht. Vgl. Brunner, Einführung in das Recht der DDR, S. 169.

[248] Eberhardt NJ 1977, 634 (634); Strasberg/Rohde, Liebe ade – scheiden tut weh, S. 37 f.

[249] Autorenkollektiv, ZPO, S. 261; Rieger NJ 1974, 10 (14); Autorenkollektiv, Familienrecht, S. 296.

[250] Autorenkollektiv, Familienrecht, S. 296; Grandke NJ 1970, 451 (452).

[251] Beschluß des Plenums des Obersten Gerichts über die erzieherische Tätigkeit der Gerichte zur Erhaltung von Ehen NJ 1970 Beilage zu Heft 15, S. 2. Der Beschluß wurde zwar am 19.6.1975 im Zusammenhang mit dem Inkrafttreten des Zivilgesetzbuchs und der Zivilprozeßordnung wieder aufgehoben, jedoch sollten seine inhaltlichen Grundanliegen weiterhin beachtet werden, vgl. hierzu OG NJ 1979, 277 (227); Autorenkollektiv, Familienrecht, S. 296.

[252] Autorenkollektiv, ZPO, S. 263.

rer notwendig war.[253] Dieser unerträgliche Eingriff in die Privat- und Intimsphäre der Ehegatten verletzte nach sozialistischer Eheauffassung deren Rechte nicht. Hiernach bestand nämlich eine Interessenidentität von Familie und Gesellschaft.[254] Die Ehegatten sollten deshalb ebenso wie die Gesellschaft die familienrechtlichen Grundsätze verwirklichen und einen Beitrag zur gesellschaftlichen Entwicklung leisten.

Das OG bemängelte, daß bei den Aussöhnungsverhandlungen vielfach nicht immer konkret genug auf die jeweilige Situation in Ehen mit Kindern eingegangen wurde. Bei Ehen mit Kindern sollte den Aussöhnungsbemühungen – unabhängig davon, ob ein oder beide Ehegatten geschieden werden wollten – weitergehendes Augenmerk geschenkt werden als bei kinderlosen Ehen. Es sollten vor allem Umstände wie die innige Bindung der Kinder zu beiden Elternteilen oder sichtbare Erfolge der Eltern bei der gemeinsamen Erziehung der Kinder, als Anknüpfungspunkt für ein erfolgreiches Aussöhnungsbestreben genutzt werden.[255]

Wurde trotz dieser Bemühungen keine Aussöhnung der Parteien erreicht, konnten die Gerichte die Aussöhnungsverhandlung wiederholen oder die Aussetzung des Verfahrens beschließen. Die Frage, wann die eine und wann die andere Möglichkeit zu nutzen war, ergab sich aus dem Wortlaut der folgenden Verfahrensvorschriften.

a) Wiederholung der Aussöhnungsverhandlung

Nach dem Wortlaut der §§ 14 I FVerfO und 48 IV ZPO konnte die Aussöhnungsverhandlung wiederholt werden, wenn die Aussicht auf „alsbaldige" Aussöhnung der Parteien bestand. Das war nach der Auffassung des OG einerseits der Fall, wenn durch eine weitere Einflußnahme des Gerichts erreicht werden konnte, daß die Parteien in der Lage waren, allein oder mit gesellschaftlicher oder staatlicher Unterstützung ihre Ehekonflikte zu lösen, oder andererseits ein Ehegatte bereit war, die Ehe fortzusetzen und der andere sich weiteren Aussöh-

[253] Beschluß des Plenums des Obersten Gerichts über die erzieherische Tätigkeit der Gerichte zur Erhaltung von Ehen NJ 1970 Beilage zu Heft 15, S. 8.

[254] Arnold, Art und Umfang der elterlichen Rechte in der Deutschen Demokratischen Republik, S. 25; Bellon, Das Scheidungsrecht der DDR, S. 207.

[255] Materialien der 5. Plenartagung des Obersten Gerichts NJ 1973, 37 (39).

nungsbemühungen nicht verschloß.[256] Gegen die Anordnung der Wiederholung der Aussöhnungsverhandlung waren sowohl in der FVerfO als auch in der ZPO keine Rechtsmittel zulässig. Von einer Wiederholung der Aussöhnungsverhandlung sollte jedoch abgesehen werden, wenn sich beide Parteien dagegen aussprachen.[257]

b) Aussetzung des Verfahrens

Nach den §§ 15 I 1 FVerfO und 49 I ZPO konnten die Gerichte das Verfahren für höchstens ein Jahr aussetzen, wenn die „begründete" Aussicht auf die Aussöhnung der Parteien bestand.

Die Möglichkeit der Aussetzung des Verfahrens sollte insbesondere genutzt werden, wenn beide Elternteile verantwortungsbewußt um die Erziehung der Kinder bemüht waren und diese aus dem Ehekonflikt herausgehalten hatten oder junge Eheleute mit den Aufgaben bei der Erziehung und Betreuung mehrerer Kinder nicht fertig wurden und es darauf ankam, diese zu unterstützen.[258]

Um die Bereitschaft der Ehegatten zur Festigung ihrer Ehe zu wecken, sollten insbesondere während der Aussetzung gesellschaftliche Kräfte wie Arbeits- und andere Kollektive den Ehegatten bei der Überwindung ihrer Konflikte helfen und so ihre Aussöhnung fördern.[259]

Zur Veranschaulichung einer erfolgreichen Aussetzung durch gesellschaftliche Einflußnahme soll folgendes Beispiel des Kreisgerichts Schönebeck dienen: In einem Ehescheidungsverfahren, von dem fünf Kinder betroffen waren, hatte der Ehemann Scheidungsklage erhoben, weil seine nervenkranke Frau sich jeglicher ärztlicher Behandlung entzog und dadurch erhebliche Differenzen in der Ehe aufgetreten waren. Der Ehemann, der nicht an seinem Wohnort arbeitete und nur an den Wochenenden bei der Familie war, unterhielt eine lose Bindung zu einer anderen Frau. Durch die Einbeziehung eines Beauftragten des Arbeitskollektivs in das Verfahren wurde die Aussöhnungsbereitschaft der Prozeßparteien geweckt. Das Verfahren wurde für sechs Monate ausgesetzt. In dieser Zeit wurde unter Einbeziehung staatlicher Organe und des Betriebes ein Woh-

---

[256] Beschluß des Plenums des Obersten Gerichts über die erzieherische Tätigkeit der Gerichte zur Erhaltung von Ehen NJ 1970 Beilage zu Heft 15, S. 7.

[257] Autorenkollektiv, ZPO, S. 264.

[258] Hugot NJ 1973, 47 (48); Pieper NJ 1977, 516 (517).

[259] Autorenkollektiv, ZPO, S. 265; Pieper NJ 1977, 516 (517); Krüger NJ 1966, 132 (133).

nungswechsel der Familie zum Arbeitsort des Ehemanns beschleunigt. Die Ehefrau ließ sich nervenärztlich behandeln, wodurch sich ihr Leiden besserte. Die ehelichen Beziehungen normalisierten sich, und den Kindern blieb das Elternhaus erhalten.[260]

Trotz dieses Beispiels einer erfolgreichen Aussetzung, waren die ehestabilisierenden Erfolge, die hiermit in der DDR erzielt wurden, gering. So wurden etwa im Jahre 1971 bei den Ost-Berliner Gerichten nur 6 % aller Eheverfahren ausgesetzt, von denen die Hälfte zu einer Wiederherstellung der ehelichen Lebensgemeinschaften führte,[261] was dem Republikdurchschnitt entsprach.[262] Folglich endeten 1971 lediglich 3 % aller Eheverfahren mit einer erfolgreichen Aussetzung.[263]

2. Ergebnis zu II

In der Aussöhnungsverhandlung und während der Aussetzung des Verfahrens wurde versucht, durch staatlichen und gesellschaftlichen Druck auf den oder die scheidungswilligen Ehegatten diese zur Rücknahme der Scheidungsklage und zur Wiederherstellung der ehelichen Lebensgemeinschaft zu bewegen. Der ehestabilisierende Erfolg dieser Maßnahmen war jedoch gering.

C. Ergebnis zu § 8

Die Anwendung der Kinderschutzklausel des § 1568 1. Fall BGB bewirkt nur die Aufrechterhaltung des formalen Ehebandes, nicht aber den Erhalt der Familie. § 1568 1. Fall BGB kommt ausschließlich zur Anwendung, wenn die Gefahr besteht, daß minderjährige Kinder durch den Scheidungsausspruch in eine psychische Ausnahmesituation geraten können. Im Recht der DDR sollte die Kinderschutzklausel dagegen eine ganz andere Funktion erfüllen. Durch sie sollten in erster Linie die Ehen aufrechterhalten werden, die noch eine taugliche Grundlage für eine sozialistische Erziehung der Kinder versprachen. Von der Erziehung unabhängige Interessen der Kinder spielten in der DDR nur eine

[260] Zitiert bei Pieper NJ 1976, 516 (517).
[261] Hugot NJ 1973, 47 (48).
[262] Materialien der 5. Plenartagung des Obersten Gerichts NJ 1973, 37 (37).
[263] Bellon, Das Scheidungsrecht in der DDR, S. 223.

geringe Rolle. Trotz massiver gesellschaftlicher und staatlicher Einflußnahmen während des gesamten Eheverfahrens auf die scheidungswilligen Ehegatten, konnten diese in der Regel nicht zum Erhalt der Ehe im Interesse der Kinder bewegt werden. Dies widerlegt die Auffassung der am Gesetzgebungsverfahren zum 1. EheRG beteiligten Organe, daß den scheidungswilligen Ehegatten während des Eheverfahrens nur die Notwendigkeit der Aufrechterhaltung der Ehe deutlich gemacht werden müsse, damit diese im Interesse der Kinder eine äußerlich geordnete Ehe führen.[264]

[264] Vgl. § 3 B VI.

3. Kapitel

Geschützter Personenkreis und Rechtsfolgen des § 1568 1. Fall BGB

§ 9 Geschützter Personenkreis des § 1568 1. Fall BGB

Die Kinderschutzklausel des § 1568 1. Fall BGB setzt tatbestandlich voraus, daß die minderjährigen Kinder „aus der Ehe hervorgegangen" sind. An Hand dieses Tatbestandsmerkmals soll im folgenden der geschützte Personenkreis ermittelt werden.

A. Gemeinsame eheliche und voreheliche Kinder der Ehegatten

Aus einer Ehe hervorgegangen sind eindeutig die gemeinsamen ehelichen Kinder. Diese gehören nach allgemeiner Ansicht zu dem von § 1568 1. Fall BGB geschützten Personenkreis.[1] Ob dies auch für gemeinsame voreheliche Kinder gilt, könnte zweifelhaft sein, da diese bereits vor der Eheschließung der Elternteile geboren wurden. Allerdings ordnet § 1719 S. 1 BGB an, daß ein nichteheliches Kind ehelich wird, wenn sich der Vater mit der Mutter verheiratet. Diese gesetzlich angeordnete Legitimation zum ehelichen Kind gebietet, auch voreheliche Kinder in den durch § 1568 1. Fall BGB geschützten Personenkreis einzubeziehen.[2]

---

[1] Erman-Dieckmann § 1568 Rnr. 7; Johansen/Henrich-Jäger § 1568 Rnr. 11; Palandt-Diederichsen, 55. Auflage, § 1568 Rnr. 3; MünchKomm-Wolf, 3. Auflage, § 1568 Rnr. 19; Schwab, in: Handbuch des Scheidungsrechts, Teil II. E. IV. 6. Rnr. 101; Staudinger-Rauscher § 1568 Rnr. 37; AK/BGB-Lange-Klein § 1568 Rnr. 12; Bastian/Roth-Stielow/Schmeiduch § 1568 Rnr. 7; Rolland, Kommentar zum Ersten Eherechtsreformgesetz, § 1568 Rnr. 33; Jauernig-Schlechtriem § 1568 Anm. 2 a).

[2] Soergel-Heintzmann § 1568 Rnr. 7; MünchKomm-Wolf, 3. Auflage, § 1568 Rnr. 19; Schwab, in: Handbuch des Scheidungsrechts, Teil II. E. IV. 6. Rnr. 101; AK/BGB-Lange-Klein § 1568 Rnr. 12; Erman-Dieckmann § 1568 7; Schwab FamRZ 1976 491 (507); BGB/RGRK-Graßhof § 1568 Rnr. 28; Staudinger-Rauscher § 1568 Rnr. 37; Bastian/Roth-Stielow/Schmeiduch § 1568 Rnr. 7; Jauernig-Schlechtriem § 1568 Anm. 2 a).

B. Ehebruchskinder vor Anfechtung der Ehelichkeit

Ehebruchskinder sind solche, die nicht biologisch von dem Ehemann ihrer Mutter abstammen. Das OLG Saarbrücken bezeichnete diese daher nicht als aus der Ehe hervorgegangen i.S. des § 48 III EheG 46.[3] Ähnlich äußert sich Dieckmann zu dem in diesem Tatbestandsmerkmal gleichlautenden § 1568 1. Fall BGB. Er will den Ehebruchskindern jedenfalls dann den Schutz des § 1568 1. Fall BGB entziehen, wenn ihre Abstammung von einem Dritten unter den Ehegatten unstreitig ist.[4]

Der Wortlaut des § 1568 1. Fall BGB läßt eine solche ausschließlich auf die biologische Abstammung des Kindes abstellende Auslegung zu. In bezug auf Ehebruchskinder steht diese allerdings im Widerspruch zu § 1593 BGB. Mit diesem hat der Gesetzgeber nämlich bewußt die Möglichkeit eröffnet, ein Kind, das mit Sicherheit nicht von dem Ehemann der Mutter abstammt, in der Rechtsstellung eines ehelichen Kindes zu belassen. § 1593 BGB verleiht somit Ehebruchskindern bis zur erfolgreichen Anfechtung der Ehelichkeit den Status ehelicher Kinder.[5] Eine Auslegung des § 1568 1. Fall BGB, die diesen Kindern den Schutz versagt, ist nicht mit der vom Gesetzgeber in § 1593 BGB getroffenen Wertung zu vereinbaren und deshalb als systemwidrig abzulehnen.[6] Ehebruchskinder gelten demnach vor erfolgreicher Anfechtung der Ehelichkeit als aus der Ehe hervorgegangen i. S. der § 1568 1. Fall BGB.[7]

C. Adoptivkinder

Adoptivkinder stammen weder biologisch von den Adoptiveltern ab, noch sind sie ehelich i. S. der §§ 1591 ff BGB. Im Rahmen der Kinderschutzklausel des § 48 III EheG 46 bezeichnete das OLG Celle sie daher als nicht aus der Ehe hervorgegangen.[8] Dies widerspricht aber § 1754 I 1. und 2. Fall BGB. Hiernach

---

[3] OLG Saarbrücken NJW 1969, 934 (934) zu dem in diesem Tatbestandsmerkmal inhaltsgleichen § 48 III EheG 46.

[4] Erman-Dieckmann § 1568 Rnr. 7.

[5] Gernhuber/Coester-Waltjen, Familienrecht, § 51 I. 6, S. 758.

[6] Soergel-Heintzmann § 1568 Rnr. 7.

[7] MünchKomm-Wolf, 3. Auflage, § 1568 Rnr. 19; BGB/RGRK-Graßhof § 1568 Rnr. 28; Staudinger-Rauscher § 1568 Rnr. 37.

[8] OLG Celle FamRZ 1964, 262 (262) zu § 48 III EheG 46; ebenso Dölle, Familienrecht Band I, § 39 IV, S. 549.

hat ein durch beide Ehegatten angenommenes Kind oder ein angenommenes Kind des anderen Ehegatten die rechtliche Stellung eines gemeinschaftlichen ehelichen Kindes. Auf Grund dieser durch das Gesetz zwingend vorgeschriebenen Gleichstellung ist eine Auslegung des § 1568 1. Fall BGB systemwidrig, die die Adoptivkinder nicht zu seinem geschützten Personenkreis zählt.[9] Nach allgemeiner Auffassung sind Adoptivkinder daher i. S. des § 1568 1. Fall BGB aus der Ehe hervorgegangen.[10]

D. Stiefkinder

I. Direkte Anwendung des § 1568 1. Fall BGB

Stiefkinder werden von einem ihrer leiblichen Eltern mit in eine neue Ehe eingebracht. Sie können daher nicht als aus dieser Ehe hervorgegangen bezeichnet werden. Eine durch Gesetz vorgeschriebene Gleichstellung i. S. des § 1754 I BGB existiert für Stiefkinder nicht. Die Stiefkindschaft wird als eigenes Rechtsinstitut im BGB nicht erwähnt. Zwischen Stiefeltern und Stiefkindern besteht daher kein rechtlich gesichertes Verhältnis, sondern lediglich eine Schwägerschaft ersten Grades nach § 1590 I BGB.[11] Eine direkte Anwendung des § 1568 1. Fall BGB auf Stiefkinder scheidet aus.[12] Dies gilt auch dann, wenn das Stiefkind gemäß § 1618 I 1 BGB einbenannt wird,[13] denn hierdurch soll lediglich die Namensgleichheit geschaffen werden.[14]

---

[9] Soergel-Heintzmann § 1568 Rnr. 7; Palandt-Diederichsen § 1568, 53. Auflage, Rnr. 5.

[10] Im Ergebnis ebenso: Erman-Dieckmann § 1568 Rnr. 6 a; MünchKomm-Wolf, 3. Auflage, § 1568 Rnr. 19; Schwab, in: Handbuch des Scheidungsrechts, Teil II. E. IV. 6. Rnr. 101; Schwab FamRZ 1976 491 (507); AK/BGB-Lange-Klein § 1568 Rnr. 12; BGB/RGRK-Graßhof § 1568 Rnr. 28; Staudinger-Rauscher § 1568 Rnr. 37; Johansen/Henrich-Jäger § 1568 Rnr. 11; Bastian/Roth-Stielow/Schmeiduch § 1568 Rnr. 7; Jauernig-Schlechtriem § 1568 Anm. 2 a).

[11] MünchKomm-Mutschler, 3. Auflage, § 1590 Rnr. 3; Gernhuber/Coester-Waltjen, Familienrecht, § 4 II. 5, S. 34; Soergel-Gaul § 1590 Rnr. 1.

[12] Gegen eine Anwendung des § 1568 1. Fall BGB auf Stiefkinder: Rolland, Kommentar zum Ersten Eherechtsreformgesetz, § 1568 Rnr. 33; Erman-Dieckmann § 1568 Rnr. 7; MünchKomm-Wolf, 3. Auflage, § 1568 Rnr. 19; Palandt-Diederichsen, 55. Auflage, § 1568 Rnr. 3; Staudinger-Rauscher § 1568 Rnr. 38; Bastian/Roth-Stielow/Schmeiduch § 1568 Rnr. 7.

[13] Erman-Dieckmann § 1568 Rnr. 7; MünchKomm-Wolf, 3. Auflage, § 1568 Rnr. 19.

[14] MünchKomm-Hinz, 3. Auflage, § 1618 Rnr. 1; Erman-Michalski § 1618 Rnr. 4; Diederichsen NJW 1976, 1169 (1175).

II. Analoge Anwendung des § 1568 1. Fall BGB

Eine analoge Anwendung des § 1568 1. Fall BGB auf Stiefkinder wird in der Rechtsprechung und Lehre nicht erörtert. Bei Stiefkindern besteht jedoch, ebenso wie bei gemeinsamen Kindern der Ehegatten, die Möglichkeit, daß sie durch den Scheidungsausspruch in eine schwere und nicht nur vorübergehende psychische Ausnahmesituation geraten. Dieser Umstand gibt Anlaß zur Überprüfung der Frage, ob in einem solchen Fall § 1568 1. Fall BGB analog auf Stiefkinder anzuwenden ist. Unter einer Analogie wird die Übertragung der für einen Tatbestand im Gesetz vorhandenen Regeln auf einen vom Gesetz nicht geregelten, ihm aber ähnlichen Tatbestand verstanden. Die Übertragung gründet sich auf die Forderung der Gerechtigkeit, Gleichartiges gleich zu behandeln.[15]

1. Bestehen einer Gesetzeslücke

Erste Voraussetzung einer Analogie ist das Bestehen einer Gesetzeslücke. Diese ist nicht etwa nur und stets dann gegeben, wenn das Gesetz für eine bestimmte Fallgestaltung keine Regelung enthält, denn das Fehlen einer bestimmten Regelung kann gerade von dem Gesetzgeber gewollt sein.[16] Allein aus der Tatsache, daß eine direkte Anwendung des § 1568 1. Fall BGB auf Stiefkinder nicht möglich ist, kann daher nicht schon auf eine Gesetzeslücke geschlossen werden. Von einer Gesetzeslücke ist vielmehr erst dann auszugehen, wenn das Gesetz für einen bestimmten Bereich eine vollständige Regelung anstrebt und sich im nachhinein gleichwohl eine planwidrige Unvollständigkeit des Gesetzes herausstellt.[17] Ob eine solche gegeben ist, beurteilt sich nach dem dem Gesetz zugrundeliegenden Regelungsplan. Dieser ist anhand der historischen und teleologischen Auslegung zu erschließen.[18]

Aus der Entstehungsgeschichte ist nicht zu entnehmen, ob bezüglich der Stiefkinder eine planwidrige Unvollkommenheit des Gesetzes besteht. Die stenographischen Protokolle des Rechtsausschusses[19], die Gesetzesbegründungen

[15] Larenz, Methodenlehre der Rechtswissenschaft, S. 381.

[16] Larenz, Methodenlehre der Rechtswissenschaft, S. 370.

[17] Larenz, Methodenlehre der Rechtswissenschaft, S. 373; Schmalz, Methodenlehre, Rnr. 321; Bydlinski, Methodenlehre und Rechtsbegriffe, S. 473.

[18] Larenz, Methodenlehre der Rechtswissenschaft, S. 373.

[19] Vgl. BT Sten. Prot., 7. Wp., 52. Sitzung, S. 69 ff.

von Bundesrat und Bundestag[20] sowie die Kurzprotokolle des Vermittlungsausschusses[21] enthalten keine Angaben über den durch § 1568 1. Fall BGB geschützten Personenkreis.

Eine Antwort auf die Frage, ob eine planwidrige Gesetzeslücke gegeben ist, kann sich daher nur aus dem Sinn und Zweck des § 1568 1. Fall BGB ergeben. Dieser besteht darin, das soziale Kindschaftsverhältnis zwischen den Ehegatten und den minderjährigen Kindern zu schützen.[22] Auch wenn zwischen Stiefeltern und Stiefkindern keine genetische Verbindung besteht, kann sich jedoch durch eine kontinuierliche tatsächliche Betreuung der Kinder ein soziales Kindschaftsverhältnis wie zwischen Eltern und leiblichen Kindern entwickeln.[23] In solchen Fällen ist eine planwidrige Gesetzeslücke des § 1568 1. Fall BGB gegeben.

2. Vergleichbare Interessenlage

Eine analoge Anwendung des § 1568 1. Fall BGB auf Stiefkinder ist aber erst dann gerechtfertigt, wenn der Normzweck des § 1568 1. Fall BGB wegen der im wesentlichen vergleichbaren Interessenlage auch Stiefkinder erfaßt. Besteht die Gefahr, daß der Scheidungsausspruch bei den Stiefkindern zu einer psychischen Ausnahmesituation führt, ist eine vergleichbare Interessenlage gegeben. Eine analoge Anwendung des § 1568 1. Fall BGB auf Stiefkinder ist in diesen Fällen geboten.

Die Befürchtung von Rauscher, daß die Ausnahmevorschrift des § 1568 1. Fall BGB durch eine Anwendung auf Stiefkinder in seinen „Randbereichen" unscharf würde, ist unbegründet.[24] Wie die Ausführungen in Kapitel 2 zeigen, hat § 1568 1. Fall BGB einen so engen Anwendungsbereich, daß er seinen Ausnahmecharakter nicht verliert, wenn Stiefkinder in dessen Geltungsbereich einbezogen werden.

---

[20] Vgl. BT-Drs. 7/650, S. 261; BT-Drs. 7/4694, S. 9.

[21] Vgl. Kurzprotokoll 32. Sitzung des VA, S. 32 ff.

[22] BGB/RGRK-Graßhof § 1568 Rnr. 9.

[23] Insoweit zustimmend Staudinger-Rauscher § 1568 Rnr. 38.

[24] Staudinger-Rauscher § 1568 Rnr. 38.

3. Ergebnis zu II

Die Kinderschutzklausel des § 1568 1. Fall BGB ist analog auf Stiefkinder anzuwenden.

E. Pflegekinder

I. Direkte Anwendung des § 1568 1. Fall BGB

Pflegekinder werden außerhalb ihres Elternhauses in einer fremden Familie betreut. Das SGB VIII unterscheidet die Tages- und Vollzeitpflege. Während das Kind bei der Tagepflege gemäß § 23 SGB VIII lediglich einen Teil des Tages in einer anderen Familie verbringt, ist die Vollzeitpflege gemäß § 33 SGB VIII auf Dauer angelegt. Sowohl bei der einen als auch bei der anderen Pflegeform werden die Kinder in eine fremde Familie aufgenommen. Sie können daher nicht als aus dieser Ehe „hervorgegangen" i.S. des § 1568 1. Fall BGB bezeichnet werden. Eine direkte Anwendung des § 1568 1. Fall BGB scheidet deshalb aus.[25]

II. Analoge Anwendung des § 1568 1. Fall BGB

Bezüglich einer analogen Anwendung des § 1568 1. Fall BGB gilt das zu den Stiefkindern Gesagte. Ausgehend von der Prämisse, daß § 1568 1. Fall BGB das soziale Kindschaftsverhältnis schützt, ist eine planwidrige Gesetzeslücke gegeben, wenn zwischen den Pflegeeltern und den Pflegekindern im Einzelfall ein soziales Kindschaftsverhältnis besteht, das dem von Eltern zu ihren leiblichen Kindern entspricht. Dies ist aber nur bei einer auf Dauer angelegten Vollzeitpflege denkbar. Besteht die Gefahr, daß der Scheidungsausspruch bei Vollzeitpflegekindern zu einer schweren und nicht nur vorübergehenden psychischen Ausnahmesituation führt, so ist eine analoge Anwendung des § 1568 1. Fall BGB geboten.

---

[25] Gegen die Anwendung § 1568 1. Fall BGB auf Pflegekinder: MünchKomm-Wolf, 3. Auflage, § 1568 Rnr. 19; Staudinger-Rauscher § 1568 Rnr. 38; Erman-Dieckmann § 1568 Rnr. 7; Schwab, in: Handbuch des Scheidungsrechts, Teil II. E. IV. 6. Rnr. 101.

III. Ergebnis zu E

Die Kinderschutzklausel des § 1568 1. Fall BGB ist analog auf Vollzeitpflegekinder anzuwenden.

F. Kinder aus einer geschiedenen Ehe derselben Parteien

Der BGH hat zur Kinderschutzklausel des § 48 III EheG 46 darauf abgestellt, daß diese auch dann Anwendung findet, wenn ein minderjähriges Kind aus einer früheren geschiedenen Ehe derselben Parteien hervorgegangen ist.[26] Genau genommen sind zwar solche Kinder aus der ersten bereits geschiedenen und nicht aus der zweiten, noch zu scheidenden Ehe hervorgegangen. Sie stammen jedoch biologisch von beiden Ehegatten ab und haben den Status ehelicher Kinder. Insbesondere letzteres spricht entscheidend dafür auch sie i.S. des § 1568 1. Fall BGB als aus der Ehe hervorgegangen zu bezeichnen.

G. Verheiratete minderjährige Kinder

Sofern das Problem einer Anwendung des § 1568 1. Fall BGB auf verheiratete minderjährige Kinder in der Literatur erörtert wird, wird diesen der Schutz des § 1568 1. Fall BGB entgegen dessen Wortlaut versagt.[27] Rauscher begründet dies damit, daß minderjährige Kinder nach ihrer Verheiratung auf die soziale Einbindung in ihre eigene Familie verwiesen werden müssen.[28] Dem ist zuzustimmen. Verheiratete Kinder haben eine eigene Familie gegründet und sich dadurch von ihren Eltern gelöst.[29] Für die Anwendung der Kinderschutzklausel fehlt deshalb die Notwendigkeit. § 1568 1. Fall BGB ist daher dahingehend teleologisch zu reduzieren, daß er nicht in bezug auf verheiratete minderjährige Kinder zur Anwendung gelangt.

---

[26] BGH NJW 1967, 442 (442) zu § 48 III EheG 46.

[27] Rolland, Kommentar zum Ersten Eherechtsreformgesetz, § 1568 Rnr. 33; Staudinger-Rauscher § 1568 Rnr. 39; MünchKomm-Wolf, 3. Auflage, § 1568 Rnr. 19; Erman-Dieckmann § 1568 Rnr. 7.

[28] Staudinger-Rauscher § 1568 Rnr. 39.

[29] Erman-Dieckmann § 1568 Rnr. 7; Palandt-Diederichsen, 53. Auflage, § 1568 Rnr. 5.

H. Volljährige Kinder

Das Tatbestandsmerkmal „minderjährige" in § 1568 1. Fall BGB stellt klar, daß dieser nicht zugunsten volljähriger Kinder greift. Damit hat der Gesetzgeber bei der Güterabwägung zwischen den Interessen der volljährigen Kinder und denen der scheidungswilligen Ehegatten der Freiheit zur Scheidung den Vorrang eingeräumt.[30]

I. Ergebnis zu § 9

Zu dem von § 1568 1. Fall BGB geschützten Personenkreis gehören gemeinsame eheliche und voreheliche Kinder, Adoptivkinder, Ehebruchskinder bis zur erfolgreichen Anfechtung der Ehelichkeit sowie Kinder aus einer früheren geschiedenen Ehe derselben Parteien. Auf Stief- und Vollzeitpflegekinder ist § 1568 1. Fall BGB analog anzuwenden. Dagegen werden verheiratete minderjährige und volljährige Kinder nicht durch § 1568 1. Fall BGB geschützt.

§ 10 Rechtsfolgen des § 1568 1. Fall BGB

Sind die Tatbestandsvoraussetzungen des § 1568 1. Fall BGB erfüllt, stellt sich die Frage nach den Rechtsfolgen. Obwohl § 1568 1. Fall BGB sich seinem Wortlaut nach als Soll-Vorschrift gibt, hat das Gericht kein Auswahlermessen auf der Rechtsfolgenseite. Die inhaltlichen Anforderungen des § 1568 1. Fall BGB – Suizidgefahr, schwere und nicht nur vorübergehende psychische Ausnahmesituation des Kindes – sind so hoch, daß rechtmäßige Erwägungen, die Ehe in einer solchen Situation gegen die aus Art. 2 II 1 GG geschützten vitalen Interessen der minderjährigen Kinder zu scheiden, nicht ersichtlich sind. Das Gericht darf somit einem Scheidungsantrag nicht stattgegeben, wenn § 1568 1. Fall BGB greift.[31] Fraglich ist allerdings, ob der Scheidungsantrag stets abzu-

---

[30] Soergel-Heintzmann § 1568 Rnr. 8. In extremen Ausnahmefällen – Selbstmordgefahr bei einem entwicklungsretardierten Volljährigen – kann jedoch ein außergewöhnlicher Umstand i. S. der Ehegattenklausel des § 1568 2. Fall BGB gegeben sein. Vgl. hierzu Soergel-Heintzmann § 1568 Rnr. 8; Staudinger-Rauscher § 1568 Rnr. 39.

[31] Erman-Dieckmann § 1568 Rnr. 4; Schwab FamRZ 1976, 491 (504); Schwab, in: Handbuch des Scheidungsrechts, Teil II. E. III. 2. Rnr. 92; Staudinger-Rauscher § 1568 Rnr. 25.

weisen ist oder ob das Gericht auch die Möglichkeit zu einer Aussetzung des Verfahrens gemäß § 614 ZPO hat. Dieser unterscheidet zwischen der Aussetzung von Amts wegen (§ 614 II ZPO) und der auf Antrag (§ 614 III ZPO).

A. Aussetzung von Amts wegen

Nach dem Wortlaut des § 614 II 1 ZPO ist eine Aussetzung von Amts wegen vorzunehmen, wenn nach der freien Überzeugung des Gerichts die Aussicht auf „Fortsetzung der Ehe" besteht. Die Vorschrift ist jedoch sprachlich ungenau, denn sie meint nicht die Fortsetzung der Ehe als solche – diese wird ohne Zutun und Willen der Eheleute stets bis zu ihrer Auflösung fortgesetzt –, sondern die Wiederherstellung der ehelichen Lebensgemeinschaft.[32] Nach allgemeiner Ansicht werden hierfür konkrete Anhaltspunkte gefordert.[33]

§ 1568 1. Fall BGB hat aber tatbestandlich zur Voraussetzung, daß die Ehe gescheitert ist. Er kommt daher zu einem Zeitpunkt zur Anwendung, zu dem die Ehe nach der Auffassung des Richters oder kraft unwiderlegbarer Vermutung gemäß § 1566 BGB personell zerstört ist und keine Aussicht mehr auf eine Wiederherstellung der ehelichen Lebensgemeinschaft besteht. § 1568 1. Fall BGB greift somit erst dann ein, wenn der Zweck einer Aussetzung nach § 614 II 1 ZPO nicht mehr erreicht werden kann. Eine Aussetzung von Amts wegen ist daher unzulässig.

Im übrigen ergibt sich dies auch aus der Entstehungsgeschichte des § 614 II 1 ZPO. Der Rechtsausschuß des Bundestages hatte eine Änderung des § 614 II 1 ZPO vorgeschlagen, wonach eine Aussetzung des Scheidungsverfahrens nicht nur in Betracht kommen sollte, wenn die Aussicht auf Fortsetzung der Ehe besteht, sondern auch dann, wenn „die Aussetzung aus anderen Gründen billig erscheint".[34] Hiernach hätte § 614 II 1 ZPO den Charakter einer prozessualen Härteklausel erhalten und wäre demnach auch bei Vorliegen von Härtegründen

---

[32] BT-Drs. 7/650, S. 197.

[33] BT-Drs. 7/650, S. 197; Stein/Jonas-Schlosser § 614 Rnr. 3; Maurer, in: Handbuch des Scheidungsrechts, Teil I. C. V. 4. b) Rnr. 258; Johansen/Henrich-Sedemund-Treiber § 614 Rnr. 4; Zöllner-Philippi § 614 Rnr. 6; Ambrock, Ehe und Ehescheidung, § 614 II. 2. a), S. 529; Rolland, Kommentar zum Ersten Eherechtsreformgesetz, § 614 Rnr. 4; AK/ZPO-Derleder § 614 Rnr. 2; Baumbach/Lauterbach-Albers § 614 Rnr. 2; OLG Köln FamRZ 1978, 609 (609).

[34] BT-Drs. 7/4361, S. 64.

i. S. des § 1568 BGB anzuwenden gewesen.[35] Nachdem die Vertreter von Bundesrat und Bundesregierung sich jedoch im Vermittlungsausschuß auf die Härteklauseln des § 1568 BGB einigten, wurde die vom Rechtsausschuß vorgeschlagene 2. Alternative des § 614 I 1 ZPO übereinstimmend nicht in § 614 II 1 ZPO aufgenommen.[36]

Wenn die Voraussetzungen der Kinderschutzklausel des § 1568 1. Fall BGB vorliegen, hat der Richter somit unter keinen Umständen die Möglichkeit, das Verfahren von Amts wegen gemäß § 614 II 1 ZPO auszusetzen, vielmehr muß er den Scheidungsantrag abweisen.

B. Aussetzung auf Antrag

Gemäß § 614 III ZPO muß das Verfahren vor der endgültigen Entscheidung des Gerichts ausgesetzt werden, wenn der Antragsteller dies beantragt. Das Gericht hat hier – anders als bei der Aussetzung des Verfahrens von Amts wegen – nach allgemeiner Auffassung nicht zu prüfen, ob die Aussicht auf Fortsetzung der Ehe besteht.[37] Umstritten ist allerdings, ob das Verfahren auch dann gemäß § 614 III ZPO ausgesetzt werden darf, wenn einer der Fälle des § 1568 I BGB greift.

I. 1. Ansicht

Sind die Tatbestandsvoraussetzungen des § 1568 I Fall BGB erfüllt, so ist das Verfahren abweisungsreif. Nach der Rechtsprechung und einem Teil der Lehre ist deshalb eine Aussetzung auf Antrag nur dann noch möglich, wenn das Gericht an den Voraussetzungen der Härteklauseln zweifelt.[38]

---

[35] Rolland, Kommentar zum Ersten Eherechtsreformgesetz, § 614 Rnr. 3.

[36] Kurzprotokoll 32. Sitzung des VA, S. 43.

[37] Stein/Jonas-Schlosser § 614 Rnr. 7; Johansen/Henrich-Sedemund-Treiber § 614 Rnr. 2; Maurer, in: Handbuch des Scheidungsrechts, Teil I. C. V. 4. b) Rnr. 259; AK/ZPO-Derleder § 614 Rnr. 3; Rolland, Kommentar zum Ersten Eherechtsreformgesetz, § 614 Rnr. 6; Zöllner-Philippi § 614 Rnr. 3; MünchKommZPO-Walter § 614 Rnr. 6.

[38] OLG Hamburg 1986, 469 (470), Erman-Dieckmann § 1568 Rnr. 4; BGB/RGRK-Graßhof § 1568 Rnr. 38; Rolland, Kommentar zum Ersten Eherechtsreformgesetz, § 614 Rnr. 8; MünchKomm-Wolf, 3. Auflage, § 1568 Rnr. 83 und § 1564 Rnr. 61.

II. 2. Ansicht

Dagegen vertritt ein anderer Teil der Lehre die Auffassung, daß trotz Eingreifens der Härteklauseln eine Aussetzung des Verfahrens gemäß § 614 III ZPO zulässig ist, wenn der Härtegrund keine längere Scheidungsverhinderung, sondern nur einen vorübergehenden Scheidungsaufschub zur Folge hat.[39] Zur Begründung wird darauf abgestellt, daß es mit dem Grundsatz der Prozeßökonomie nicht vereinbar sei, auch in den Fällen den Scheidungsantrag abzuweisen, in denen mit hoher Wahrscheinlichkeit die Voraussetzungen der Härteklauseln schon bald entfallen würden. Das sei z.B. der Fall, wenn die Kinder demnächst volljährig[40] oder aus dem Haus gehen würden.[41]

III. Stellungnahme

Die unter 1. dargelegte Ansicht weist zur Begründung darauf hin, daß einem Antragsgegner, für den die Scheidung eine unzumutbare Härte darstellt, nach der „Lebenswirklichkeit" nur mit der Abweisung des Antrags und nicht schon mit der Aussetzung des Verfahrens geholfen werden kann.[42] In bezug auf die Kindesinteressen überzeugt diese Argumentation jedoch nicht. Besteht nämlich die Möglichkeit, betroffene Kinder innerhalb der gemäß § 614 IV 2 ZPO zulässigen Dauer einer Aussetzung durch therapeutische Hilfe in die Lage zu versetzen, den Scheidungsausspruch psychisch zu verkraften, so ist diesen mit einer Aussetzung des Verfahrens geholfen. Zu Recht stellt die unter 2. dargelegte Auffassung darauf ab, daß ein abgewiesener Scheidungsantrag innerhalb eines Jahres wieder anhängig gemacht werden müßte und deshalb zu einer unnötigen doppelten Kostenbelastung und weiteren Verhärtung der Fronten zwischen den Parteien führen würde.[43] Eine weitere Verschlechterung der Ehegattenbeziehung ist jedoch auch im Interesse psychisch stark belasteter Kinder unbedingt

---

[39] Soergel-Heintzmann § 1568 Rnr. 57; Stein/Jonas-Schlosser § 614 Rnr. 9, der sich allerdings für eine analoge Anwendung des § 614 III ZPO ausspricht; Staudinger-Rauscher § 1568 Rnr. 27.

[40] Staudinger-Rauscher § 1568 Rnr. 27.

[41] Soergel-Heintzmann § 1568 Rnr. 57.

[42] BGB/RGRK-Graßhof § 1568 Rnr. 38; MünchKomm-Wolf, 3. Auflage, § 1568 Rnr. 83.

[43] Staudinger-Rauscher § 1568 Rnr. 27; Soergel-Heintzmann § 1568 Rnr. 57.

zu vermeiden. Zudem besteht bei einer Abweisung des Scheidungsantrags eher die Gefahr, daß der oder die scheidungswilligen Ehegatten die Kinder dafür verantwortlich machen, daß sie das gesamte Scheidungsverfahren nochmals durchlaufen müssen. Der Richter sollte daher nicht nur aus prozeßökonomischen Gründen, sondern vor allem auch im Interesse der psychisch stark belasteten Kinder versuchen – bevor er den Scheidungsantrag wegen entgegenstehender Kindesinteressen als unbegründet abweist –, den Kläger zu einer Antragstellung auf Aussetzung des Verfahrens gemäß § 614 III ZPO zu bewegen.

C. Ergebnis zu § 10

Liegen die Voraussetzungen des § 1568 1. Fall BGB vor, so ist der Scheidungsantrag grundsätzlich abzuweisen. Eine Aussetzung auf Antrag ist allerdings zulässig, wenn das betroffene Kind durch therapeutische Hilfe innerhalb der Frist des § 614 IV 2 ZPO in die Lage versetzt wird, den Scheidungsausspruch psychisch zu verkraften. In solchen Fällen sollte der Familienrichter auf eine Aussetzung des Verfahrens hinwirken.

4. Kapitel

Neuregelung

§ 11 Vorschlag der Lehre

Nachdem das BVerfG die zeitliche Befristung des § 1568 BGB für verfassungswidrig erklärt hat, regte in der Lehre lediglich Schwab eine Neufassung des § 1568 BGB an. Nach seinen Vorstellungen sollte die Kinderschutzklausel folgendermaßen lauten:

„Die Ehe darf nicht geschieden werden, wenn und solange ihre Aufrechterhaltung im Interesse der aus der Ehe hervorgegangenen minderjährigen Kinder geboten erscheint."[1]

Zur Begründung seines Vorschlags stellt Schwab darauf ab, daß der jetzige Wortlaut des § 1568 1. Fall BGB seinen Anwendungsbereich durch eine kaum mehr verständliche Anhäufung von einschränkenden Ausdrücken in den Bereich des „Extraordinären" rückt.[2] Er beabsichtigt daher mit seiner stark an § 48 III EheG 46 angelehnten und im Gegensatz zu § 1568 1. Fall BGB weniger restriktiv formulierten Vorschrift, den Anwendungsbereich der Kinderschutzklausel zu erweitern.

Jedoch nicht der restriktive Wortlaut des § 1568 1. Fall BGB ist ausschlaggebend dafür, daß sich dessen Anwendungsbereich auf kaum mehr vorstellbare Fälle reduziert, in denen die Gefahr besteht, daß der Scheidungsausspruch zu einer psychischen Ausnahmesituation der Kinder führt, sondern der Grund hierfür liegt vielmehr darin, daß § 1568 1. Fall BGB in einem unlösbaren Widerspruch zu den Grundsätzen des in der Bundesrepublik Deutschland verwirklichten Zerrüttungsprinzips steht. So verlangen gerade die Trennungsfristen der §§ 1565, 1566 BGB, daß die Ehegatten vor der Scheidung mindestens seit einem Jahr getrennt leben. Trennungsbedingte Härten – wie z.B. der Verlust einer Bezugs- oder Betreuungsperson – können den Kindern daher nicht erspart

---

[1] Schwab FamRZ 1984, 1171 (1175).

[2] Schwab FamRZ 1984, 1171 (1175).

werden.[3] Außerdem räumt § 1353 II 2. Fall BGB den Ehegatten, obwohl § 1568 1. Fall BGB greift, weiterhin das Recht ein, in einer gescheiterten Ehe getrennt zu leben. Für eine Aufrechterhaltung der gescheiterten Ehe im Interesse der Kinder ist daher der Wille der Ehegatten zur Fortführung der Ehe zwingende Voraussetzung. Eine Kinderschutzklausel zur Begrenzung einer Zerrüttungsscheidung kommt jedoch zwangsläufig immer erst dann zur Anwendung, wenn die Ehe bereits gescheitert, d.h. personell zerstört ist und ein Ehegatte – meistens sogar beide Ehegatten – sich bewußt gegen die Kindesinteressen und für die Auflösung der Ehe entschieden hat.

Die während des Gesetzgebungsverfahrens zum 1. EheRG und in der Lehre zum Teil vertretene Auffassung, den scheidungswilligen Ehegatten müsse während des Eheverfahrens nur die Notwendigkeit der Aufrechterhaltung der Ehe für die Kinder deutlich gemacht werden, damit diese in deren Interesse eine äußerlich geordnete Ehe führen, ist durch die Scheidungspraxis der ehemaligen DDR eindeutig widerlegt worden. Die Untersuchungen haben hier gezeigt, daß sich der Wille zur Fortführung der Ehe im Interesse der Kinder auch nicht durch richterliche Einflußnahme verordnen läßt.[4]

Die von Schwab vorgeschlagene Neufassung würde aus diesen Gründen trotz ihres gegenüber § 1568 1. Fall BGB weniger restriktiven Wortlautes den tatsächlichen Anwendungsbereich des § 1568 1. Fall BGB nicht erweitern.

§ 12 Vorschlag des Verfassers

Durch die Untersuchung der Rechtsfolgen des § 1568 1. Fall BGB ist deutlich geworden, daß die Aussetzung des Verfahrens gegenüber einer Abweisung des Scheidungsantrags im Hinblick auf psychisch stark belastete Kinder von Vorteil ist.[5] In bezug auf eine Neuregelung der Kinderschutzklausel empfiehlt es sich daher, § 1568 1. Fall BGB ersatzlos zu streichen und die Möglichkeit zur Aussetzung des Verfahrens zu erweitern. Dem § 614 ZPO sollte deshalb die folgende Vorschrift in Form des § 614a ZPO angegliedert werden:

„Das Verfahren auf Scheidung muß das Gericht von Amts wegen aussetzen, wenn und solange der begründete Verdacht besteht, daß der Scheidungsausspruch zu einer schweren psychischen Belastung der minderjährigen Kinder führt."

---

[3] Vgl. § 8 A II 1 b bb.
[4] Vgl. § 8 B II.
[5] Vgl. § 10 B III.

Das BVerfG hatte bei der Prüfung der Verfassungsmäßigkeit des § 1568 II BGB darauf hingewiesen, daß zumindest die Möglichkeit bestehen muß, bei außergewöhnlichen Härten das Verfahren auszusetzen, um eine Scheidung zur Unzeit zu verhindern.[6] Eine prozessuale Kinderschutzklausel stellt eine konsequente Weiterentwicklung dieses Hinweises dar. Sie stützt sich auf die durch die vorliegende Arbeit gewonnenen Ergebnisse. Ihre Tatbestandsmerkmale werden im einzelnen wie folgt begründet:

A. „Scheidungsausspruch"

Es hat sich bei der vorliegenden Arbeit herausgestellt, daß den minderjährigen Kindern durch die Verhinderung der Ehescheidung nicht der Erhalt der Familie, sondern nur die Aufrechterhaltung des formalen Ehebandes gegeben werden kann.[7] Die Kinder können nur vor Belastungen geschützt werden, die sich aus dem Scheidungsausspruch ergeben. Eine Neuregelung, die nicht Wunschvorschrift ohne realen Anwendungsbereich sein will, muß dies klar zum Ausdruck bringen. Die Tatbestandsmerkmale des § 1568 1. Fall BGB „Aufrechterhaltung der Ehe" werden deshalb durch das Tatbestandsmerkmal „Scheidungsausspruch" ersetzt.

B. „schwere psychische Belastung"

Bei der Fallgruppenbildung zu § 1568 1. Fall BGB hat sich gezeigt, daß eine Kinderschutzklausel nicht notwendig bzw. nicht geeignet ist, die materiellen Interessen der minderjährigen Kinder zu schützen.[8] Im Rahmen des § 614a ZPO werden deshalb ausschließlich immaterielle Härten berücksichtigt. Bezüglich dieser reduziert sich der tatsächliche Anwendungsbereich einer Kinderschutzklausel auf psychische Beeinträchtigungen, die mit dem Scheidungsausspruch verbunden sind.[9] Der unbestimmte Rechtsbegriff des § 1568 1. Fall BGB „aus besonderen Gründen" wird daher durch das Tatbestandsmerkmal „psychische Belastung" konkretisiert.

---

[6] Vgl. § 3 C.
[7] Vgl. § 8 A I 2 b cc.
[8] Vgl. § 7 A VI.
[9] Vgl. § 8 A III.

Das Tatbestandsmerkmal „schwere" beschränkt den Anwendungsbereich des § 614a ZPO weiterhin auf solche Fälle, in denen die Kinder erheblich über das normale Maß hinaus unter dem Scheidungsausspruch leiden. Das ist der Fall, wenn die Kinder z.B. mit Depressionen, Schlafstörungen oder Angstzuständen reagieren. Der durch die Aufrechterhaltung des formalen Ehebandes zwangsläufig bedingte Eingriff in die durch Art. 6 I GG geschützte Eheschließungsfreiheit der Ehegatten ist in solchen Fällen durch die verfassungsimmanente Schranke der durch Art. 2 II 1 2. Fall GG geschützten körperlichen Unversehrtheit der minderjährigen Kinder gerechtfertigt.[10]

C. „muß"

Durch das Tatbestandsmerkmal „muß" wird klargestellt, daß das Gericht kein Auswahlermessen auf der Rechtsfolgenseite hat, wenn § 614a ZPO greift. Dies ist verfassungsrechtlich zwingend geboten. In Fällen, in denen die durch Art. 2 II 1 2. Fall GG geschützte psychische Unversehrtheit der Kinder verletzt wird, müssen die Freiheitsinteressen des oder der scheidungswilligen Ehegatten dem Interesse der Kinder am Erhalt des formalen Ehebandes weichen.[11]

D. „von Amts wegen"

Das Tatbestandsmerkmal „von Amts wegen" gewährleistet, daß die Richter verpflichtet sind, aus eigenem Antrieb zu prüfen, ob der Tatbestand des § 614a ZPO erfüllt ist. Damit ist die Voraussetzung geschaffen, daß § 614a ZPO auch bei einer einverständlichen Scheidung nach § 1566 I BGB zur Anwendung kommt. Bei dieser besteht nämlich im besonderen Maße die Gefahr, daß durch das gemeinsame Bestreben der Ehegatten nach einer raschen Scheidung die Notwendigkeit, das Verfahren im Interesse der psychisch gefährdeten Kinder auszusetzen, unberücksichtigt bleibt.

---

[10] Vgl. § 8 A I 2 b, ee.

[11] Vgl. § 8 A I 2 b ee.

E. „solange“

Auf Grund des Tatbestandsmerkmals „solange“ wird der Vorgabe des BVerfG entsprochen, daß Härteklauseln zeitlich unbefristet gelten müssen.[12] Darüber hinaus wird aber auch klargestellt, daß das Verfahren auf Scheidung fortzusetzen ist, wenn der Tatbestand des § 614a ZPO nicht mehr gegeben ist. Damit trägt das Tatbestandsmerkmal „solange“ sowohl den Interessen der Kinder als auch den der scheidungswilligen Ehegatten Rechnung.

F. „begründeter Verdacht“

Kein Richter oder Gutachter kann mit Sicherheit genau vorhersagen, wie ein Kind auf einen Scheidungsausspruch reagieren wird. Im Hinblick auf die hohen Anforderungen des § 614a ZPO muß deshalb grundsätzlich bereits der Verdacht ausreichen, daß der Scheidungsausspruch zu einer schweren psychischen Belastung des Kindes führen könnte. Das Tatbestandsmerkmal „begründet“ schränkt diesen Grundsatz allerdings dahingehend ein, daß konkrete Anhaltspunkte für eine schwere psychische Belastung der Kinder vorliegen müssen. Eine solche Einschränkung ist erforderlich, da ansonsten die Gefahr besteht, daß ein scheidungsunwilliger Ehegatte die Kinderschutzklausel mißbraucht, um auf Kosten der Kinder eine Aussetzung des Verfahrens zu erreichen. Die bloße Behauptung eines Ehegatten, die Kinder würden psychisch schwer unter dem Scheidungsausspruch leiden, kann deshalb nicht ausreichen. Das Gericht muß in solchen Fällen – wie im Fall des OLG Hamburg geschehen[13] – ein psychologisches Gutachten einholen.

G. „minderjährige Kinder“

§ 614a ZPO verzichtet auf die in § 1568 1. Fall BGB enthaltene Wortwendung „aus der Ehe hervorgegangene“. Dies hat zur Folge, daß eine direkte Anwendung des § 614a ZPO auf minderjährige Stief- und Pflegekinder möglich ist.

---

[12] Vgl. § 3 C.

[13] OLG Hamburg FamRZ 1986, 469.

5. Kapitel

Zusammenfassung der wesentlichen Ergebnisse

Die Kinderschutzklausel des § 1568 1. Fall BGB war eine der umstrittensten Vorschriften während des Gesetzgebungsverfahrens zum 1. EheRG. Erst im Vermittlungsausschuß einigten sich die Vertreter von Bundestag und Bundesrat auf den noch heute geltenden Wortlaut des § 1568 1. Fall BGB. Die überaus restriktive sprachliche Fassung der Vorschrift offenbart das Dilemma der an der Gesetzgebung beteiligten Organe, die einerseits nicht daran glaubten, daß die Aufrechterhaltung einer gescheiterten Ehe den Kindern nützt, anderseits jedoch nicht alle Ausnahmefälle gleichermaßen entschieden wissen wollten.

Bei der Fallgruppenbildung zu § 1568 1. Fall BGB hat sich herausgestellt, daß dessen tatsächlicher Anwendungsbereich verschwindend gering ist. § 1568 1. Fall BGB ist auf keine von der Rechtsprechung zu den §§ 48 III, 55 II 2 EheG 38 entwickelten materiellen oder immateriellen Fallgruppen anwendbar:

1. Eine Anwendung auf die Fallgruppe „Unterhaltsgefährdung durch Wiederverheiratung“ scheidet aus, da auf Grund der teleologischen Reduktion des § 1609 II 1 BGB die Unterhaltsansprüche der minderjährigen Kinder denen des neuen Ehegatten im Rang vorgehen.

2. Seit dem Inkrafttreten des NEhelG ist die Aufrechterhaltung einer gescheiterten Ehe nicht mehr geeignet, in Mangelfällen die Unterhaltsansprüche der ersteehelichen Kinder zu schützen. Die Fallgruppe „Unterhaltsgefährdung durch Legitimation oder Zeugung von Kindern in einer neuen Ehe“ ist daher gegenstandslos geworden.

3. Eine Berücksichtigung von Erbrechtschancen würde ungerechtfertigt in die durch Art. 6 I GG bzw. 2 I GG geschützte Wiederverheiratungsfreiheit der scheidungswilligen Ehegatten eingreifen und wäre deshalb verfassungswidrig.

4. Die Gefahr einer Minderung der Leistungsbereitschaft des unterhaltspflichtigen Elternteils nach der Ehescheidung kann ebenso wirkungsvoll dadurch beseitigt werden, indem sich der unterhaltspflichtige Elternteil in einer vollstreckbaren Urkunde zu einer angemessenen Unterhaltsleistung verpflichtet.

5. Führt die Ehescheidung zur Gefährdung des Sonderbedarfs eines kranken Kindes, so sollen die Kosten von der sozialen Krankenversicherung getragen werden. Wo dies im Einzelfall nicht möglich ist, sollen die Kosten von der öffentlichen Hand übernommen werden.

6. Vom Zerrüttungsprinzip abweichende weltanschauliche Rechts- oder Moralvorstellungen der minderjährigen Kinder führen ebensowenig zur Anwendung des § 1568 1. Fall BGB wie deren christliche Vorstellungen von der Unscheidbarkeit der Ehe.

7. Die Aufrechterhaltung einer Ehe zugunsten eines pflegebedürftigen oder behinderten Kindes stellt zwar einen besonderen Grund i.S. des § 1568 1. Fall BGB dar, dennoch ist dieser nicht auf die Fallgruppe „Verlust einer Bezugsperson bei behinderten und chronisch kranken Kindern" anzuwenden. Die Untersuchungen haben nämlich ergeben, daß auf Grund der durch die §§ 1565, 1566 BGB zwingend vorgeschriebenen Trennungsfristen und dem Recht, gemäß § 1353 II 2. Fall BGB in einer gescheiterten Ehe getrennt zu leben, den Kindern durch die Anwendung des § 1568 1. Fall BGB nicht der Erhalt der Familie, sondern nur die Aufrechterhaltung des formalen Ehebandes gegeben werden kann.

8. Eine Anwendung des § 1568 1. Fall BGB ist auch nicht notwendig, um den Einfluß beider Elternteile auf die Erziehung der Kinder zu sichern. Die durch das BVerfG eröffnete Möglichkeit der gemeinsamen elterlichen Sorge stellt bei Ehegatten, die sich, obwohl ihre Ehe gescheitert ist, in der Lage sehen, ihre Kinder auch weiterhin gemeinsam zu erziehen, eine realistische Möglichkeit dar, den Kindern den für eine gedeihliche Erziehung notwendigen Einfluß von Vater und Mutter zu sichern.

9. Eine mit dem Scheidungsausspruch verbundene „psychische Ausnahmesituation" der minderjährigen Kinder stellt die einzige Fallgruppe dar, die den Einsatz des § 1568 1. Fall BGB rechtfertigt. Über diese Fallgruppe können jedoch auch Rechts-, Moral- und Religionsempfindungen oder die Gefahr einer gesellschaftlichen Diskriminierung der Kinder zur Aufrechterhaltung der Ehe führen, wenn diese die Ursache dafür sind, daß der Scheidungsausspruch zu einer psychischen Ausnahmesituation der Kinder führen könnte. § 1568 1. Fall BGB kommt daher nur in ganz besonderen Ausnahmefällen zur Anwendung, die durch einen pathologischen Zustand der betroffenen Kinder gekennzeichnet sind. Die von Teilen der Lehre geübte Kritik an der Zurückhaltung der Gerichte bei der Anwendung des § 1568 1. Fall BGB ist daher verfehlt.

Die während des Gesetzgebungsverfahrens zum 1. EheRG und zum Teil in der Lehre vertretene Auffassung, den scheidungswilligen Ehegatten müsse während des Eheverfahrens nur die Notwendigkeit der Aufrechterhaltung der Ehe deutlich gemacht werden, damit diese im Interesse der minderjährigen Kinder eine äußerlich geordnete Ehe führen, hat sich als nicht haltbar herausgestellt. Bei der Untersuchung der zu § 24 II 2 FGB ergangenen Rechtsprechung und den Vorschriften über das Eheverfahren wurde nämlich deutlich, daß trotz massiver staatlicher und gesellschaftlicher Einflußnahme während der Aussöhnungsverhandlung und der Aussetzung des Verfahrens der Wille der scheidungswilligen Ehegatten zur Fortführung der Ehe im Interesse der minderjährigen Kinder nicht geweckt werden konnte. Aus diesem Grunde schlagen Versuche, den Anwendungsbereich des § 1568 1. Fall BGB auf trennungsbedingte Härten zu erweitern, fehl.

Bei der Untersuchung der Rechtsfolgen des § 1568 1. Fall BGB hat sich herausgestellt, daß eine Aussetzung des Verfahrens im Gegensatz zu einer Abweisung für die psychisch stark belasteten Kinder entscheidende Vorteile hat. Es empfiehlt sich daher § 1568 1. Fall BGB ersatzlos zu streichen und die Möglichkeit zur Aussetzung des Verfahrens durch die vom Verfasser vorgeschlagene Fassung des § 614a ZPO zu erweitern. Nach dieser muß das Gericht das Verfahren auf Scheidung von Amts wegen aussetzen, wenn und solange der begründete Verdacht besteht, daß der Scheidungsausspruch zu einer schweren psychischen Belastung der minderjährigen Kinder führt.

Den Kinderschutzklauseln im Recht der ehemaligen DDR lag eine völlig andere gesetzessystematische Konzeption zugrunde als § 1568 1. Fall BGB. Die §§ 8 I 2 EheVO 55 und 24 II 2 FGB stellten keine Einwendung gegen eine bereits gescheiterte Ehe dar, sondern waren Teil eines Zerrüttungsgesamttatbestandes. Eine Ehe wurde in der ehemaligen DDR erst dann als gescheitert definiert, wenn sie auch ihren Sinn für die minderjährigen Kinder verloren hatte.

Auf Grund der frühen ökonomischen Selbständigkeit der Frauen und der Gleichstellung der außerehelichen mit den ehelichen Kindern spielten materielle Gründe weder bei § 8 I 2 EheVO 55 noch bei § 24 II 2 FGB eine Rolle. Durch diese sollten vielmehr diejenigen Ehen aufrechterhalten werden, die noch eine taugliche Grundlage für die sozialistische Erziehung der Kinder versprachen. Von der Erziehung unabhängige Interessen der Kinder waren dagegen von untergeordneter Bedeutung. Jedoch führte auch in der ehemaligen DDR die Abweisung des Scheidungsantrags letztlich nur zur Aufrechterhaltung des formalen Ehebandes.

Literaturverzeichnis

Alternativkommentar: Kommentar zum Bürgerlichen Gesetzbuch, Band 5: Familienrecht (§§ 1297–1921), Neuwied, Darmstadt 1981 (zitiert: AK/BGB-Bearbeiter § Rnr.).

– Kommentar zur Zivilprozeßordnung, Neuwied, Darmstadt 1987 (zitiert: AK/ZPO-Bearbeiter § Rnr.).

Ambrock, Erich: Ehe und Ehescheidung, Kommentar, Berlin, New York 1977.

– Zur Verfassungsmäßigkeit der positiven Härteklausel des 1. Eherechtsgesetzes, in: FamRZ 1978, S. 314–319.

Ansorg, Linda: Familienrecht der DDR, Ein Leitfaden, Berlin 1967.

Arnold, Hans-Henning: Art und Umfang der elterlichen Rechte in der Deutschen Demokratischen Republik, Osteuropa Institut an der Freien Universität Berlin, Band 4, Berlin 1975.

Autorenkollektiv: Familienrecht, unter der Leitung von Anita Grandke, 4. Aufl., Berlin 1981.

– Zivilprozeßrecht, unter der Leitung von Horst Kellner, 1. Aufl., Berlin 1980.

Bartholomeyczik, Horst: Die Kunst der Gesetzesauslegung, Eine wissenschaftliche Hilfe zur praktischen Rechtsanwendung, 3. Aufl., Frankfurt am Main 1965.

Bastian, Günther/*Roth-Stielow*, Klaus/*Schmeiduch*, Dietmar: 1. EheRG, Das neue Ehe- und Scheidungsrecht, Kommentar, Stuttgart, Berlin, Köln, Mainz 1977 (zitiert: Bastian/Roth-Stielow/Schmeiduch § Rnr.).

Baumbach, Adolf/*Lauterbach*, Wolgang/*Albers*, Jan/*Hartmann*, Peter: Kommentar zur Zivilprozeßordnung, 54. Aufl., München 1996.

Beitzke, Günther: Familienrecht, 1. Aufl., München, Berlin 1947.

Beitzke, Günther/*Lüderitz*, Alexander: Familienrecht, 26. Aufl., München 1992.

Bellon, Käthe: Das Scheidungsrecht der DDR, Diss. Tübingen 1974.

Benjamin, Hilde: Die Ehe als Versorgungsanstalt, in: NJ 1949, S. 209–210.

Beschluß des Obersten Gerichts der DDR über die erzieherische Tätigkeit der Gerichte zur Erhaltung von Ehen vom 24. Juni 1970, in: NJ 1970, Beilage zu Heft 15, S. 1–12.

Bilinsky, Andreas: Das sowjetische Eherecht, Studien des Instituts für Ostrecht, Band 13, Herrenalb/Schwarzwald 1961.

Böhmer, Christof: Das erste Gesetz zur Reform des Ehe- und Familienrechts (1. EheRG) vom 14. Juni 1976, in: JR 1977, S. 45–50.

Bosch, Friedrich Wilhelm: Familienreform, Siegburg 1952.

– Ehe und Familie in der Rechtsordnung, in: FamRZ 1966, S. 61–72.

– Familien- und Eherecht als Themen der Rechtsvergleichung nach dem Beitritt der DDR zur Bundesrepublik Deutschland, in: FamRZ 1991, S. 1370–1399.

Brinkmann, Werner: Das wohlverstandene Kindesinteresse der minderjährigen Kinder § 48 Abs. 3 des Ehegesetzes, in: NJW 1947/48, S. 575–578.

Brunner, Georg: Einführung in das Recht der DDR, 2. Aufl., München 1979.

Bydlinski, Franz: Methodenlehre und Rechtsbegriffe, 2. Aufl., Wien, New York 1991.

Denkschrift der EKD: Zur Reform des Ehescheidungsrechts in der Bundesrepublik Deutschland, Eine Denkschrift der Familienrechtskommission der Evangelischen Kirche in Deutschland, Reform des Ehescheidungsrechts, in: Reform des Scheidungsrechts, S. 29–44, zusammengestellt von v. Münch, Berlin, New York 1971.

Dethloff, Nina: Reform des Kindschaftsrechts, in: NJW 1992, S. 2202–2208.

Dettmers, Hans: Anmerkung zum Urteil des OLG, Oldenburg vom 27.3.1947, in: NJW 1947/48, S. 103–104.

Diederichsen, Uwe: Das Recht der Ehescheidung nach dem 1. EheRG (Scheidungsgründe), in: NJW 1977, S. 273–279.

– Der Ehe- und Familienname nach dem 1. EheRG, in: NJW 1976, S. 1169–1177.

Diskussionsentwurf des Bundesministeriums der Justiz: Diskussionsentwurf eines Gesetzes über die Neuregelung des Rechts der Ehescheidung und der Scheidungsfolge, Bonn 1970 (zitiert: Diskussionsentwurf S.).

Dölle, Hans: Familienrecht Band I, Karlsruhe 1964.

– Grundsätzliches zum Ehescheidungsrecht, Tübingen 1946.

Dörr, Klaus: Die Entwicklung des Ehe- und Scheidungsrechts seit dem 1. EheRG, in: NJW 1989, S. 488–497.

Dolzer, Rudolf/*Vogel*, Klaus: Bonner Kommentar zum Grundgesetz, Loseblattsammlung, Band 2, Art. 6–14, Heidelberg, Stand: Dezember 1995 (zitiert: Dolzer/Vogel, BK, Art. Rnr.).

Eberhardt, Karl-Heinz: Besonderheiten des Verfahrens in Familiensachen nach der neuen ZPO, in: NJ 1977, S. 12–19.

– Zur Wiederholung der Aussöhnungsverhandlung, in: NJ 1977, S. 634–635.

Eherechtskommission beim Bundesministerium der Justiz: Erster Teilbericht, Vorschläge zur Reform des Ehescheidungsrechts und des Unterhaltsrechts nach der Ehescheidung, in: FamRZ 1970, S. 213–215.

– Vorschläge zur Reform des Ehescheidungsrechts und des Unterhaltsrechts nach der Ehescheidung, Bielefeld 1971 (zitiert: Eherechtskommission S.).

Engels, Friedrich: Der Ursprung der Familie, des Privateigentums und des Staates, 4. Aufl., Stuttgart 1892.

Erman, Walter: Handkommentar zum Bürgerlichen Gesetzbuch, Band 2 (§§ 854–2385), 9. Aufl., Münster 1993 (zitiert: Erman-Bearbeiter § Rnr.).

Finger, Peter: Gemeinsame elterliche Sorge nach der Ehescheidung, in: DRiZ 1985, S. 91–97.

Freisler, Roland: Vom alten zum neuen Ehescheidungsrecht, Berlin 1937.

Fthenakis, Wassilios/*Niesel*, Renate/*Kunze*, Hans-Rainer: Ehescheidung: Konsequenzen für Eltern und Kinder, München 1982.

Fthenakis, Wassilios: Kindeswohl – Gesetzlicher Anspruch und Wirklichkeit, in: Brühler Schriften zum Familienrecht, Band 3, 1983, S. 33–66.

Gehring, Hans-Peter: Das Ehescheidungsrecht in Mitteldeutschland, Eine Darstellung unter besonderer Berücksichtigung der Rechtsprechung, Diss. Köln 1963.

Gernhuber, Joachim: Lehrbuch des Familienrechts, 1. Aufl., München und Berlin 1964.

Gernhuber, Joachim/*Coester-Waltjen*, Dagmar: Lehrbuch des Familienrechts, 4. Aufl., München 1994.

Gesetzentwurf zum FGB: Entwurf eines Familiengesetzbuches der Deutschen Demokratischen Republik, in: NJ 1954, S. 377–385.

Giesen, Dieter: Die neuen Grundlagen des Scheidungsrechts, in: Jura 1979, S. 590–601.

– Einzelfallgerechtigkeit als Problem – Zur Entwicklung des Scheidungs- und Scheidungsfolgenrechts in Deutschland, in: FamRZ 1984, S. 1188–1197.

– Familienrecht, Tübingen 1994.

v. Godin, Reinhard: Anmerkung zum Urteil des BayObLG vom 12.1.1949, in: SJZ 1949, S. 631–632.

v. Godin, Reinhard/*v. Godin*, Hans: Kommentar zum Ehegesetz, 2. Aufl., Berlin 1950 (zitiert: v. Godin § Anm.).

Gorecki, Jan: Kommunistische Familienstruktur – Die Rechtsprechung als Instrument des Wandels, in: Soziologie der Familie, Kölner Zeitschrift für Soziologie und Sozialpsychologie, Sonderheft 14, S. 490–506, hrsg. von Lüschen, Günther/Lupri, Eugen, Opladen 1970.

Graehl, Peter: Die geschichtliche Entwicklung des § 48 Ehegesetz, Diss. Halberstadt 1966.

Grandke, Anita: Zur Wirksamkeit des Erziehungsrechts des FGB, in: NJ 1979, S. 345–349.

Graßhof, Karin: Die Härteklauseln im Ehescheidungsrecht, in: Festschrift für Zeidler, Berlin, New York 1987, S. 837–855.

Habscheid, Walther: Vermutungen im neuen Scheidungsrecht, in: Festschrift für Bosch, Bielefeld 1976, S. 355–379.

Haffter, Carl: Kinder aus geschiedenen Ehen, Eine Untersuchung über den Einfluß der Ehescheidung auf Schicksal und Entwicklung der Kinder nach ärztlichen, juristischen und fürsorglichen Fragestellungen, 3. Aufl., Stuttgart, Wien 1976.

Halgasch, Richard: Grundfragen des Ehescheidungsrechts, in: StuR 1963, S. 964–980.

Hampel, Herbert: Unterhaltsrecht, in: FamRZ 1982, S. 656–664.

Hattenhauer, Hans: Das Recht des Kindes auf Familie, in: Schriften der Herman-Ehlers-Akademie 1985 Heft 6, S. 4–22.

Hedemann, Justus Wilhelm: Die Flucht in die Generalklauseln, Eine Gefahr für Staat und Recht, Tübingen 1933.

Heiland, Johannes: Die Ehescheidung, in: NJ 1954, S. 596–598.

Heinrich, Wilhelm: Anmerkung zum Urteil des BG Dresden vom 15.12.1955, in: NJ 1956, S. 286–287.

– Die Rechtsprechung der Instanzgerichte zur Eheverordnung, in: NJ 1956, S. 264–266.

Henrich, Dieter: Familienrecht, 5. Aufl., Berlin, New York 1995.

– Eherecht und soziale Wirklichkeit, in: Festschrift für Wolfram Müller-Freienfels, Baden-Baden 1986, S. 289–328.

Hillermeier, Karl: Das Erste Gesetz des Ehe- und Familienrechts aus der Sicht der Bundesratsvorschläge, in: FamRZ 1976, S. 577–581.

Hitler, Adolf: Mein Kampf, 58. Aufl., München 1933.

Hoffmann, Edgar/*Stephan*, Walter: Kommentar zum Ehegesetz, 2. Aufl., München 1968 (zitiert: Hoffmann-Stephan § Rnr.).

Hoppenz, Rainer: Familiensachen, Kommentar anhand der Rechtsprechung des Bundesgerichtshofs, 4. Aufl., Heidelberg 1992.

Hugot, Heinz: Zur Wirksamkeit der Aussetzung des Eheverfahrens, in: NJ 1973, S. 47–48.

Isensee, Josef/*Kirchhof*, Paul: Handbuch des Staatsrechts der Bundesrepublik Deutschland, Band VI: Freiheitsrechte, Heidelberg 1989 (zitiert: Bearbeiter in: Handbuch des Staatsrechts § Rnr.).

Jacobi, Erwin: Die Richtlinien des Obersten Gerichts der DDR, in: Festschrift für Apelt, Berlin 1958, S. 203–215.

Jarass, Hans-D./*Pieroth*, Bodo: Grundgesetz für die Bundesrepublik Deutschland, Kommentar, 3. Aufl., München 1995.

Jauernig, Othmar: Kommentar zum Bürgerlichen Gesetzbuch, 7. Aufl., München 1994 (zitiert: Jauernig-Bearbeiter § Anm.).

Johansen, Kurt/*Henrich*, Dieter: Kommentar zum Eherecht, Scheidung, Trennung, Folgen, 2. Aufl., München 1992 (zitiert: Johansen/Henrich-Bearbeiter).

John, Uwe: Grundzüge des Familienrechts, 2. Aufl., München 1984.

Jopt, Uwe-Jörg: Staatliches Wächteramt und Kindeswohl, in: ZfJ 1990, S. 285–294.

Kellner, Horst: Richtlinien und Beschlüsse – bedeutende Leitungsakte des Obersten Gerichts der DDR, in: Wissenschaftliche Zeitschrift der Humboldt-Universität zu Berlin, Gesellschafts- und Sprachwissenschaftliche Reihe 1966, S. 793–798.

Kloepfer, Michael: Zum Grundrecht auf Umweltschutz, Berlin, New York 1968.

Kniebes, Sigrid: Das erste Gesetz zur Reform des Ehe- und Familienrechts (1. EheRG), in: DRiZ 1976, S. 325–331.

Knöpfel, Gottfried: Zum gemeinsamen Sorgerecht, in: NJW 1983, S. 905–910.

Knüttel, Rolf: Scheidungsverzicht und Scheidungsausschlußvereinbarungen, in: FamRZ 1985 S. 1089–1091.

Kollhosser, Helmut/*Scheizer*, Ursula: Die Entwicklung des Scheidungsrechts in Deutschland, in: JA 1986, S. 169–176.

Kommissariat der deutschen Bischöfe: Thesen zur Reform des staatlichen Scheidungsrechts in der Bundesrepublik Deutschland, in: Reform des Ehescheidungsrechts, S. 123–124, zusammengestellt von v. Münch, Berlin, New York 1971.

Langer, Ludwig: Haben Richtlinien des Obersten Gerichts rückwirkende Kraft?, in: NJ 1957, S. 624–625.

Larenz, Karl: Methodenlehre der Rechtswissenschaft, 6. Aufl., Berlin, Heidelberg, New York, Tokio 1991.

Lauterbach, Wolfgang: Scheidung aufgrund der Auflösung der häuslichen Gemeinschaft, in: ZAkDR 1938, S. 728–731.

Leibholz, Gerhard/*Rinck*, Hans-Justus/*Hesselberger*, Dieter: Grundgesetz für die Bundesrepublik Deutschland, Kommentar an Hand der Rechtsprechung des Bundesverfassungsgerichts, Loseblattsammlung, Band I, 7. Aufl., Köln, Stand: November 1993.

Lempp, Reinhard: Die Ehescheidung und das Kind, 4. Aufl., München 1989.

– Das neue Familienrecht aus kinder- und jugendpsychiatrischer Sicht, in: Kinderpsychiatrie und Familienrecht, S. 8–17, hrsg. von Helmut Remschmidt, Stuttgart 1984.

Limbach, Jutta: Gemeinsame Sorge geschiedener Eltern, Heidelberg 1988.

Lücke, Gerhard: Grundsätzliche Veränderungen im Familienrecht durch das 1. EheRG, in: Lücke AcP 1978, S. 1–33.

– Die persönlichen Ehewirkungen und die Scheidungsgründe nach dem neuen Ehe- und Familienrecht, in: Festschrift für Friedrich-Wilhelm Bosch, S. 627–643, Bielefeld 1976.

Lüderitz, Alexander: Empfiehlt es sich, Gründe und Folgen der Ehescheidung neu zu regeln? Gutachten B zum 48. Deutschen Juristentag, München 1970.

Magnus, Ulrich/*Dietrich*, Silvia: Gemeinsame elterliche Sorge nach der Scheidung – eine Erhebung beim Familiengericht Hamburg-Mitte, in: FamRZ 1986, S. 416–420.

Mampel, Siegfried: Die sozialistische Verfassung der Deutschen Demokratischen Republik, Kommentar, 2. Aufl., Frankfurt am Main 1982.

v. *Mangoldt*, Herman/*Klein*, Friedrich/*Starck*, Christian: Das Bonner Grundgesetz, Band I: Präambel Art. 1–5, 3. Aufl., München 1985.

Materialien der 5. Plenartagung des Obersten Gerichts: Zur Aufgabe der Gerichte im Eheverfahren, die Interessen der minderjährigen Kinder zu wahren, Bericht des Obersten Gerichts an die 5. Plenartagung am 13. Dezember 1972, in: NJ 1973, S. 37–42.

Maunz, Theodor/*Dürig*, Günter/*Herzog*, Roman: Kommentar zum Grundgesetz, Loseblattsammlung, Band 1, Art. 1–12, München, Stand: März 1994 (zitiert: Maunz/Dürig/Herzog Art. Rnr.).

Mertens, Lothar: Ehescheidung in der DDR, in: CIVIS 1988, S. 69–73.

Mühlmann, Jutta: Prüfung der Interessen minderjähriger Kinder im Scheidungsverfahren, in: NJ 1972, 636–638.

Müller-Freienfels, Wolfram: Ehe und Recht, Tübingen 1962.

Müller-Römer, Dietrich: Zur Rechtsnatur der Richtlinien des Obersten Gerichts der DDR, in: ROW 1968, S. 151–157.

v. *Münch*, Ingo/*Kunig*, Philipp: Grundgesetzkommentar, Band 1, 4. Aufl., München 1992 (zitiert: Bearbeiter in: v. Münch Art. Rnr.).

Münchner Kommentar: Kommentar zum Bürgerlichen Gesetzbuch, Band 5 (§§ 1297–1921), 1. Aufl., München 1978;

– Kommentar zum Bürgerlichen Gesetzbuch, Band 5, 1. Halbband (§§ 1297–1588), 2. Aufl., München 1989;

– Kommentar zum Bürgerlichen Gesetzbuch, Band 7 (§§ 1297–1588), 3. Aufl., München 1993;

– Kommentar zum Bürgerlichen Gesetzbuch, Band 8 (§§ 1589–1921), 3. Aufl., München 1992

(zitiert: MünchKomm-Bearbeiter, Auflage, § Rnr.).

– Kommentar zur Zivilprozeßordnung, Band 2 (§§ 355–862), München 1992 (zitiert: MünchKommZPO-Bearbeiter § Rnr.).

Nehlert, Gerhard: Das Ehegesetz des Kontrollrates für Deutschland, in: JR 1947, S. 69–75.

Obrock, Rainer: Fortsetzung der Ehe als unzumutbare Härte, Diss. Bielefeld 1986.

Oelkers, Harald/*Kasten*, Hartwig: Zehn Jahre gemeinsame Sorge nach der Scheidung, in: FamRZ 1993, S. 18–21.

– Die gemeinsame Sorge in der Praxis des Amtsgerichts Hamburg, in: FamRZ 1994, S. 1080–1083.

Palandt, Otto: Bürgerliches Gesetzbuch, Kommentar, 52. Aufl., München 1993;

– Bürgerliches Gesetzbuch, Kommentar, 55. Aufl., München 1996

(zitiert: Palandt-Bearbeiter, Auflage, § Rnr.).

Paul, Christine: Ehescheidungen, in: Wista 1989, S. 837–840.

Peuckmann, Helmuth: Härteklausel zur Begrenzung des objektiven Zerrüttungsprinzips? Diss. Freiburg 1975.

Pieper, Traudlinde: Erfahrungen mit der Aussetzung des Ehescheidungsverfahrens zum Zwecke der Aussöhnung der Ehegatten, in: NJ 1976, S. 516–518.

Poppe, Eberhard/*Schüssler*, Rolf: Sozialistische Grundrechte und Grundpflichten der Bürger, in: StuR 1963, S. 209–228.

Ramm, Thilo: Zum Unterhaltsänderungsgesetz, in: JZ 1986, S. 164–170.

Rauscher, Thomas: Gemeinsames Sorgerecht nach Scheidung, in: NJW 1991, S. 1087–1090.

Rauschning, Dietrich: Staatsaufgabe Umweltschutz, in: Veröffentlichungen der Vereinigung der Deutschen Staatsrechtslehrer 1980, Band 38, S. 167–205.

Reichsgerichtsrätekommentar: Das Bürgerliche Gesetzbuch, Kommentar, Band IV 3. Teil (Ehegesetz), 10./11. Aufl., Berlin 1968 (zitiert: BGB/RGRK-Bearbeiter § Anm.).

– Das Bürgerliche Gesetzbuch, Kommentar, §§ 1564–1567, 12. Aufl., Berlin, New York 1983;

– Das Bürgerliche Gesetzbuch, Kommentar, §§ 1568–1586 b, 12. Aufl., Berlin, New York 1987;

– Das Bürgerliche Gesetzbuch, Kommentar, §§ 1601–1615 a, 12. Aufl., Berlin, New York 1984

(zitiert: BGB/RGRK-Bearbeiter § Rnr.).

Richtlinie Nr. 9: Richtlinie des Plenums des Obersten Gerichts über die Voraussetzung der Ehescheidung nach § 8 Eheverordnung vom 24. November 1955, in: NJ 1957, S. 441–445.

Rieger, Wolfgang: Zur Verwirklichung des Aussöhnungsverfahrens des Gerichts im Eheverfahren, in: NJ 1974, S. 10–15.

Rohentwurf des Bundesministeriums der Justiz: Rohentwurf eines Gesetzes zur Reform des Kindschaftsrechts.

Rohde, Ursula: Erhaltung von Ehe im Interesse der Kinder, in: NJ 1970, S. 319–322.

Rolland, Walter: Das neue Ehe- und Familienrecht, I. EheRG, Kommentar zum Ersten Eherechtsreformgesetz, 2. Aufl., Neuwied 1982 (zitiert: Rolland, Kommentar zum Ersten Eherechtsreformgesetz, § Rnr.).

Roth-Stielow, Klaus: Scheidungsantrag als Rechtsmißbrauch, in: FamRZ 1977, S. 766–767.

Rüthers, Bernd: Die unbegrenzte Auslegung, Zum Wandel der Privatrechtsordnung im Nationalsozialismus, 4. Aufl., Heidelberg 1991.

v. *Scanzoni*, Gustav: Das großdeutsche Ehegesetz, Kommentar, 3. Aufl., Berlin 1943.

Schlicht, Götz: Das Familien- und Familienverfahrensrecht der DDR, Studien des Instituts für Ostrecht München, Band 21, Tübingen und Basel 1970.

Schlüter, Wilfried: Das Obiter dictum, Die Grenzen höchstrichterlicher Entscheidung, dargestellt an Beispielen aus der Rechtsprechung des Bundesgerichts, München 1973.

– Familienrecht, 7. Aufl., Heidelberg 1996.

Schlüter, Wilfried/*Liedmeier*, Norbert: Neugestaltung des Familienrechts nach Inkrafttreten des Grundgesetzes, in: JA 1991, Teil 1: S. 146–150, Teil 2: S. 177–183.

Schmalz, Dieter: Methodenlehre für das juristische Studium, 2. Aufl., Baden-Baden 1990.

Schmidt-Aßmann, Eberhard: Anwendungsprobleme des Art, 2 II GG im Immissionsschutzrecht, in: AöR 1981, S. 205–217.

Schmidt-Bleibtreu, Bruno/*Klein*, Franz: Kommentar zum Grundgesetz, 8. Aufl., Neuwied, Kriftel, Berlin 1995 (zitiert: Schmidt-Bleibtreu-Klein Art. Rnr.).

Schmidt, Michael: Der Rang des Geschiedenenunterhalts, Schriften zum Bürgerlichen Gesetzbuch, Band 94, Berlin 1985.

Scholz, Rupert: Arbeitsverfassung und Richterrecht, in: DB 1972, S. 1771–1780.

Schwab, Dieter: Zum Eheverständnis der Eherechtsreform, in: Stimmen der Zeit 1975, S. 313–329.

– Das Recht der Ehescheidung nach dem 1. EheRG: Die Scheidungsgründe, in: FamRZ 1976, S. 491–507.

– Verhinderung der Scheidung zur Unzeit? Zu Funktion und Reform des § 1568 BGB, in: FamRZ 1974, S. 1171–1175.

– Verbund von Scheidungs- und Folgensachen, in: FamRZ 1976, S. 658–662.

– Handbuch des Scheidungsrechts, 3. Aufl., München 1995 (zitiert: Bearbeiter in: Handbuch des Scheidungsrechts § Rnr.).

SED-Parteiprogramm: Programm der Sozialistischen Einheitspartei Deutschlands, Ost-Berlin 1976.

Soergel, Hs. Th.: Kommentar zum Bürgerlichen Gesetzbuch, Band 7: Familienrecht I (§§ 1297–1588), 12. Aufl., Stuttgart, Berlin, Köln, Mainz 1988;

– Band 8: Familienrecht II (§§ 1589–1921), Stuttgart, Berlin, Köln, Mainz 1987 (zitiert: Soergel-Bearbeiter § Rnr.).

Statistisches Bundesamt: Statistisches Jahrbuch für die Bundesrepublik Deutschland, Wiesbaden 1995.

Staudinger, J.v.: Kommentar zum Bürgerlichen Gesetzbuch, Familienrecht §§ 1353–1362, 12. Aufl., Berlin 1993;

– Kommentar zum Bürgerlichen Gesetzbuch, Familienrecht §§ 1564–1568, 12. Aufl., Berlin 1994;

– Kommentar zum Bürgerlichen Gesetzbuch, Familienrecht §§ 1589–1625, 12. Aufl., Berlin 1993 (zitiert: Staudinger-Bearbeiter § Rnr.).

Stein, Friedrich/Jonas, Martin: Kommentar zur Zivilprozeßordnung, Band 5 Teilband 2 (§§ 592–703 d), 21. Aufl., Tübingen 1993 (zitiert: Stein/Jonas-Bearbeiter § Rnr.).

Stern, Klaus: Das Staatsrecht der Bundesrepublik Deutschland, Band III/2, München 1994.

Strasberg, Werner: Der Beitrag der Gerichte zur Entwicklung sozialistischer Familien, in: NJ 1973, S. 42–45.

– Aufgaben der Gerichte im Eheverfahren, in: NJ 1980 S. 52–54.

Strasberg, Werner/*Rohde*, Ursula: Liebe ade – scheiden tut weh, Über Familienrechte und Familienpflichten, 1. Aufl., Berlin 1988.

Verfasserkollektiv: Kommentar zum Familienrecht der DDR, Herausgegeben vom Ministerium der Justiz, 5. Aufl., Berlin 1982.

Wallerstein, Judith/*Blankeslee*, Sandra: Gewinner und Verlierer – Frauen, Männer, Kinder nach der Scheidung, Eine Langzeitstudie, München 1989.

Wendl, Philipp/*Staudigl*, Siegfried: Das Unterhaltsrecht in der familienrechtlichen Praxis, 3. Aufl., München 1995 (zitiert: Wendl-Bearbeiter, Unterhaltsrecht § Rnr.).

Westen, Klaus: Das Eherecht in der DDR – Scheidung und Scheidungsfolgen, in: Die Deutsche Demokratische Republik im Lichte der Grundrechte und der Rechtsstaatsidee, S. 69–85, hrsg. von der Deutschen Sektion der Internationalen Juristen-Kommission, Band 22, Heidelberg 1987.

Wilkens, Erwin: Milderung der Scheidungsautomatik, in: FamRZ 1981, S. 109–111.

Wolf, Ernst: Dogmatische Grundlagen einer Reform des Ehescheidungsrechts, in: JZ 1970, S. 441–448.

Wolf, Ernst/*Lücke*, Gerhard/*Hax*, Herbert: Scheidung und Scheidungsrecht, Tübingen 1959.

Zeidler, Wolfgang: Zeitgeist und Rechtsprechung, in: Festschrift für Faller, München 1984, S. 145–165.

Zentralverwaltung für Statistik: Statistisches Taschenbuch der DDR, Berlin 1982.

Zöllner, Richard: Zivilprozeßordnung, 19. Aufl., Köln 1995 (zitiert: Zöllner-Bearbeiter).

Sachregister

FSC
www.fsc.org
MIX
Papier | Fördert gute Waldnutzung
FSC® C083411

Kolibri 360 GmbH
Ferdinand-Jühlke-Straße 7
99095 Erfurt, Deutschland
produktsicherheit@kolibri360.de

Druck:
CPI Druckdienstleistungen GmbH
im Auftrag der
Kolibri 360 GmbH
Ferdinand-Jühlke-Str. 7
99095 Erfurt